はじめに

┃ Ｉ　学校臨床で活かせる認知行動療法

　SC（スクールカウンセラー）になりたての頃，帰り道はいつも一人反省会，自分の中途半端な仕事に不完全燃焼感を持つ日々でした。先生からは，「SCに何ができるの？」「相談室で何をやっているの？」といった「謎のお姉ちゃん」と思われていた感覚が今でも蘇ります。また，相談室登校の子どもに対応したとしても，自分の見立てや対応をうまく説明できず，先生と連携したくても連携どころか「SCにお任せします」と放り投げられてしまったりしていました。ときには，先生の「例外は認めない」「ただ怠けているだけ」「わがままだから」といった主張に「そうなんですね」と相槌を打つしかなく，自分の無力さ，子どもの良き理解者にもなれない不甲斐なさに落ち込むこともしばしばありました。

　そのような中で出会った「子どもの認知行動療法」は，臨床力アップ，そして，即戦力，即効力を求める教育現場のニーズと合う，子どもに役立つ強力なアイテムでした。

　「理論上」の認知行動療法から「実践に役立つ」認知行動療法として身になるには数々のうまくいかない思いを抱え，失敗を繰り返し，その度に理論に立ち返り，試行錯誤し，子どもたちにも教えられました。最初は使いこなせなかった認知行動療法というアイテムが経験値と共に使いこなせるようになり，「謎のお姉ちゃん」「秘密部屋」から，「機能するSC」「開かれた相談室」へと成長できたのではないかと思います。

┃ ＩＩ　SCのアイデンティティとしての認知行動療法

　10年以上前のある生活指導部会の時，いつものように先生方やSCから子どもたちの現状報告を終えると，副校長先生から，「もっと自己肯定感を高

められると，その子はきっと安定してくる」と一言アドバイスがありました。その時「会議のような場でも，瞬時に見立てて，介入方針を思いつき，コンサルテーションできるようになる必要がある。今の自分には，まだ適切なアドバイスをする力はない。もっと力をつけたい」と思ったことを思い出します。

　その後，副校長先生の真似をして，「自己肯定感が低いから」「劣等感が強いから」と便利な言葉で子どもを捉えたつもりになり，保護者や先生に「自信をつけるために褒めることが大事です」「気持ちを受け止めてください」とアドバイスをしてみましたが，本当はもっと具体的に何をすると子どもが変わるのかを知りたいのだろうと思いました。また，子どもに「自信がつくといいよね」と伝えても，子どもはどうしたら自信がつくのかわかりません。

　そこで，認知行動療法の出番です。認知行動療法では，現在の問題の背景にある悪循環をとらえて，具体的に今とは違う考えや行動を示唆しますので，何かが変わります。また，行動や考えを捉えられると，気持ちという目で見えない抽象的なものが具体的になります。例えば，「朝，お腹が痛いと言う」と『行動』で示し，「友達がいないから」とか，「自分は浮いていると思うんだよね」「誰とも話が合わないし」と，その子の『考え』を聞ければ，気持ちは「不安」「緊張」「さみしい」「はずかしい」のではと予想がつき，子どもに「それはさみしいし，不安になるよね。一人でいるところを見られると恥ずかしいよね」と伝えることで，寄り添えます。そして，不快な気持ちに対処する方法が子どもの中にあるかもしれないので，子どもに，どうしたら安心できるか聞いてみます。「話せる友だちがほしい」と答えるかもしれません。そうしたら，友達と何か接点を持つことがこの子のために役立ちますし，一人でいられる方法を考えることが助けになるかもしれません。

　大人（先生）には，「教室に行こうとすると，自分に友だちがいないことを意識してしまって，お腹が痛くなるようです。保健室で過ごすことで自然と保健室に来る生徒と接点ができたり，相談室でも給食は一緒に食べたりするなど工夫してみたいと思います」と，見立てと方針を伝えられます。そうすると，先生方も子どもの保健室利用に理解を示してくださったり，席替えで話しやすい子をそばにしてくださったりするなどの配慮があるかもしれません。子どもが成功体験を積めるように，そして自己肯定感が高まるように，大人がどのようなサポートができるか，そして，子どもができることは何か

よくわかる 学校で役立つ 子どもの認知行動療法

理論と実践をむすぶ

松丸未来 著

遠見書房

がはっきりします。

　このように認知行動療法を用いて，大人にとっても，子どもにとっても「実際にできそうなことを具体的にアドバイスしてくれる」「アドバイスの理由もちゃんと教えてくれる」役立つ SC になることができます。

▊ III　認知行動療法はやってみるしかない

　「実際に使いこなすのが難しい」「臨床に落とし込めない」といった声をよく聞きます。私も同じ道を辿ってきたので，とてもよくわかりますが，まずは実践してみるのが一番です。「理論を踏まえて，アセスメントをし，アセスメントに基づいて技法を選択し，技法を適応する際には工夫し，それでも効果が出なかったら，もう一回アセスメントし直し，方針を変えて介入する」といった柔軟性と行動力を持って，実行してみます。認知行動療法というと，技法が目立ちますが，「理論」「アセスメント」「技法」，この３つをセットにして実行することが重要です。頭も体も使うアプローチで，習得するには，少し手間暇かかりますが，理論と実践の架け橋として，本書が役に立てばと思います。

松丸未来

目　　次

学校で役立つ
子どもの認知行動療法

第1章

認知行動療法の概要

I　認知行動療法のいろは

　最初に，認知行動療法のいろはを説明します。「認知行動療法」は，難しい言葉なので，私は，子どもたちに「認知行動療法って難しい言葉だよね。今から説明するから，ついでにかわいいネーミングも考えてくれる？」と言って，言葉だけで拒否感を示されないように一声かけて，はじめることがあります。あるいは，「認知行動療法」という言葉を使わないで，「生活しやすくなるための便利な方法があるからそれを一緒にやってみない？」と誘ったり，「考えと気持ちってつながっているんだよ。たとえば……」と説明し，親しみを感じてもらうようにします。

　認知行動療法とは，単純に言ってしまえば，「考えや行動を変えて気分はスッキリ」を目指すものです。新たな考えや行動のレパートリーを増やして，生活しやすくなるための方法を身につけていきます。そのためには，現在の悪循環を作り出している，2つのつながりを把握する必要があります。2つのつながりとは，1つが，刺激−反応−結果のつながりで，もう1つが，反応の中身である，認知−感情−身体の状態−行動のつながりです。これらを把握して，好循環になるためにできることに取り組んでいきます。

　それでは，1つ目のつながりについて説明します。これは，「刺激−反応−結果」のつながりです。それぞれの中身を把握してから，その一つひとつがどうつながっているのかを明らかにします。ある刺激に対して，Aさん（図1-1）あるいは，Bくん（図1-2）はどう反応するのか（AさんとBくんでは刺激が同じだとしても，反応が違います），そして，それぞれどのような結果を得られているのかを把握します。そうすることで，この子は，ある刺激に対してどのように反応して，どのような結果を得ているかがわかります。このパターンを把握できたら，別の反応を学習することもできますし，環境調

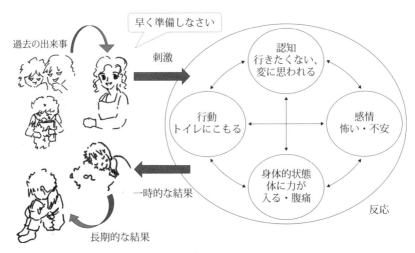

図 1-1

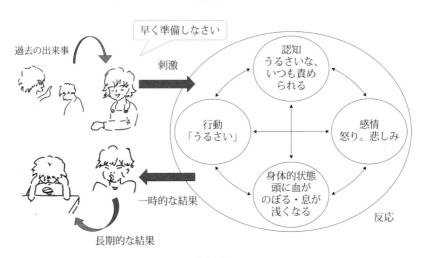

図 1-2

整と言われる刺激や結果を変えて望ましい行動を引き起こしやすくする方法も考えられます。認知行動療法の枠組みで見立てて，今後の介入方針を立てられるのです。

　例えば，Aさんの悪循環を見てみると，「早く準備をしなさい」という母親の言動に対して，不安や恐怖を感じたり学校を避けたりするといった反応を

起こすので,「学校を休み一時的にほっとする」結果が生じています。次の日も学校を連想する刺激には同じ反応をし,結果同じことの繰り返しになります。このパターンが続けば,不登校になります。

　Bくんの場合は,同じ刺激に対してAさんと違う反応をしています。Bくんは,母親の言動(刺激)に対して,怒りを感じ(反応),「怒って一時的にスッキリする」結果を得ています。毎朝,あるいは朝だけではなく母親と顔を合わせるたびに,母親に対して,Bくんがイライラし,母親に叱られ,関係が悪くなると,学校にも持ち込み,学校生活でもうまく行かない不満やイライラ感が出てくるかもしれません。このパターンにはまると,長期的には「自分はダメな人間だ」という思いをもってしまうでしょう。このように「刺激−反応−結果」の悪循環を明らかにして,好循環に向かう方法を考えていくのが認知行動療法です。

　もう1つのつながりは,反応の中身を,「認知−感情−身体の状態−行動」にそれぞれ分けて捉えて,それらのつながりを明らかにします。「早く準備をしなさい」という母親の言動に対して,反応の中身として,この子がどのように考えて(捉えて),感じて,身体の状態が変化し,行動をとっているかを見ます。例えば,Aさんの反応の中身は,「学校に行きたくない。みんなに変に思われる。勉強がわからない」と考える。「怖い」「不安」な気持ちになる。「体に力が入る」「お腹が痛くなる」といった身体の状態になる。「トイレに行く」という行動をとる,です。これら4つは,ほぼ同時に起きる反応で,お互いに影響し合っています。Bくんの場合は「うるさいな。いつも僕を責める」と考えて,「怒り」「悲しみ」を感じ,「頭に血が上る」「息が浅くなる」が身体の状態で,「大声で『うるさい!』と言い返す」行動が,反応としてあります。この反応の中身とつながりを捉えることで,どの部分をどう変えると,あるいはレパートリーを増やすと他の部分へどのようないい影響があり,結果,好循環になるかということがわかります。例えば,母親の「早くしなさい」に対して,Aさんが,「トイレにこもる」という今の行動ではなく,「今日は,校門まで行ってタッチするだけでいい?」と聞けたら,考えや気持ち,身体の状態にも影響し,反応に変化が起きるかもしれません。あるいは,Bくんが「お母さんもイライラしているから仕方がない」と考えられれば,それに伴って,気持ちや身体の状態,行動に影響があり,反応が変化するかもしれません。

　さて，ここまでは，現在の悪循環に焦点を当てて，話を進めてきましたが，「現在の悪循環」は，過去からの積み重ねによって形成されているので，過去の出来事や，その他，家族要因やその子の特徴などの背景も捉える必要があります。例えば，Aさんの場合は，過去にいじめられたり，学校で不愉快な経験をしたりしたことで，学校という本来ニュートラルな存在が怖くなっているので，欠席するのかもしれません。Bくんの場合は，常に親から厳しく育てられ，否定されてきたという経験があるから，母親の「早くしなさい」という何気ない言動に対して，過剰に敵意を感じて，今のような反応になっているのかもしれません。過去の経験以外にも本人の特性や家族関係など背景となる要因が影響していることも考慮しましょう。

　そして，過去の出来事を含むさまざまな要因によって現れた今のパターンを繰り返していると，それ自体がもう一つの出来事（悪循環）となり，さらに問題を深めてしまいます。だからこそ，認知行動療法では，現在の悪循環を明らかにし，好循環になるように力を注ぐのです。

　このように2つのつながり，そしてこれらのパターンが作られてしまった過去の経験やその他の背景的要因，そして，このパターンをこれからも積み重ねると問題が長期化・深刻化してしまうことを捉えて，環境調整をしたり，今の考えや行動のパターンとは別の考えや行動パターンを身につけていったりして，気持ちが楽になることを目指していきます。

▌ II　認知行動療法の理論を整理する

　認知行動療法を理解しようとする時，たくさんの専門用語があり，一つひとつの意味をなんとなくわかっても，それらがバラバラになって散らかってしまい，混乱します（少なくとも私の場合は，一時期，知れば知るほど混乱しました）。でも，認知行動療法の発展の経緯を知ると技法のルーツがわかり，整理ができるので，ここでは認知行動療法がどのように発展してきたのかをまとめます。

　認知行動療法には，創始者がいるわけではなく，一つの発見が改良・進化されてきたわけでもないので，いろいろな発見・理論が混ざっています。そして，そのいろいろな理論に基づいて技法が発展してきているので混乱します。でも，それらを整理すると，3つの流れにまとまります。全体像は図 1-3 に

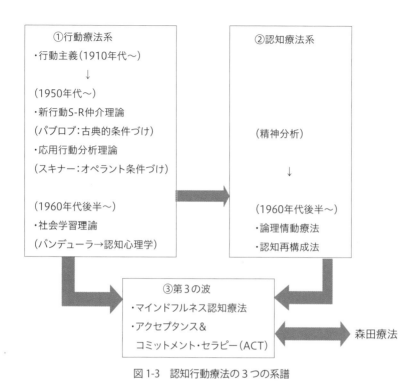

図1-3　認知行動療法の3つの系譜

示しました。1つの流れが学習心理学の理論が土台となっている行動療法の流れと、もう1つが精神分析が土台となっている認知療法の流れです。そして、この2つの流れでは効果が出なかった人たちがいたので、第3の波 * と言われる認知行動療法の技法が発展しました。

行動療法系の流れの起源は、パブロフ Pavlov, I. の古典的条件づけとスキナー Skinner, B. F. の道具的条件づけで、動物（犬・鳩・マウス）がどのように新しい行動を学習していくのか、観察可能な行動限定（「考え」のような目で見ることができない活動は入らない。行動主義と言います）で解き明かしました。パブロフの古典的条件づけ（またの名をレスポンデント条件づけ）では、犬のよだれといった生理現象が、条件刺激のベルと餌の連合（つ

---

* 日本では「第3世代」と言われますが、英語だと "Third Wave" なので、この本では「第3の波」と言うことにします。

ながり）によって，よだれが条件づけられるということを発見したものです。その発見を土台に，不安になる状況に対して，リラックスといった逆の身体の状態を組み合わせることによって，不安を引き起こしていた刺激に対して，新たな条件づけを行う拮抗条件づけが起きることが解明され，それを段階的に行う系統的脱感作という方法が開発されました。

　古典的条件づけと同時期に，アメリカでは（パブロフは生理学者でロシア人です），心理学者のスキナーが，現在の応用行動分析の土台となっている，道具的条件づけ（またの名をオペラント条件づけ）を発見しました。マウスがたまたまレバーを押したら，餌が出てきます。再び，たまたまレバーを押すと餌が出ます。このようにたまたま生起したレバー押しという行動が，回を重ねるごとに，餌に誘発されて，強化され，餌を食べたい時に，自発的にレバーを押すようになります。餌という強化子によってレバー押しを学習していくのです。この原理は，行動療法となり，子どもの療育や問題行動への対応など幅広い分野で応用されるようになりました。

　また道具的条件づけの発見を土台に，エクスポージャー（曝露法）が開発されました。これは，負の強化によって強化されている回避行動が不安を維持させてしまっていることから，回避行動の代替行動として，回避行動を学習した条件下に居続けるようにし，そうすると結果，不安反応が軽くなることを学習することで，回避行動を学習した条件下でも，居続けられることを新たに学習する方法です。

　行動療法系の流れは，その後，さらにバンデューラ Bandura, A. の他者を観察し真似るモデリングについての社会的学習理論も発見され，発展しました。さらには，認知も活動の一つ，広い意味での行動と捉えて，思考やイメージを使った技法も発展しました。

　もう一つ大きな流れである認知療法は，精神分析を効率よく展開するための，エリス Ellis, A. の論理情動療法とベック Beck, A. の認知再構成法があります。これらは人のある出来事に対する捉え方によって，感情や行動に影響することを発見しました。捉え方，認知，中でも非合理的な考え（イラショナル・ビリーフ）を論駁することで，合理的な考え（ラショナル・ビリーフ）を目指すものです。合理的な考えは，感情と行動に影響し，好循環を作ります。また，スキーマ（信念や思い込みとも言ったりします）がどのように形成されたか，どのようなスキーマがあって，それが自動思考に影響を及

ぼしているのかといったその人の考えの基本となっている認知を捉えることも重要となりました。

　そして，第3の波は，行動療法の「行動変容」や認知療法の「認知の変化」を目的としても，効果がなかった人たちのために，変化しようと頑張らないで，むしろ無駄な抵抗はしない，あるがままを受け入れる方法を行い，効果があったことから発展した技法です。マインドフルネスは，今ここに注意を向けて，いろいろな考えが思い浮かんだりして注意が散漫になったら，また注意を戻すマインドフルネス瞑想を練習します。今ここに注意を向けることで，不快な考えや感情に捉われないようになります。アクセプタンス＆コミットメント・セラピーは，自分が重要視しているもの，重きを置いている価値を意識して，それに向かって，行動を起こすことを目指します。向かおうとするときや向かう最中に，その行動を阻む考えや気持ちが沸き起こるかもしれませんがそれは受け流して，行動に集中する方法です。いずれも，認知や行動そのものの変化を促す練習をするよりも認知に巻き込まれないで上手に距離を保つようにします。

　このような第3の波の原理が，日本で発展した古典的な「森田療法」の目指す，とらわれから解放され，自然体の自分，あるがままの自分でいることと重なる点も多いことが議論されたこともありました。新しいはずの第3の波の認知行動療法が古典的な日本発の森田療法と似ているのは興味深い点です。

　なお，ときどき認知行動療法で出てくる，「ABC」という言葉ですが，これも混乱しやすいので注意です。行動療法系の文脈内の「ABC」は，「ABC分析」という意味で，Aが antecedent の頭文字で「先行刺激」，Bが behavior で「行動」，Cが consequence の「結果」です。「どういう先行刺激で，ある行動が生起したのか」とか，「どういう結果を得られたから行動が強化されたのか」といった，行動が生起した理由を分析するときに使う言葉です（ちなみに「ABA」は，応用行動分析，Applied Behavior Analysis の略で，ABC分析をすることです。「ABA」と「ABC」は，とても似ていて紛らわしいですが違うものです）。

　一方，認知療法系の文脈内では「ABC理論」と言い，Aが activating event の「きっかけとなる出来事」で，Bが belief の「信念」で，Cが consequence の「結果」を指します。どういう信念を持ったかを重視するのが認知療法で

す。欧米では頭文字をとって略すのを好みますが，頭文字が英語の何の略か
で違い，中身をわかっていないと混乱するので，注意が必要です。

　この説明でますます頭がこんがらがってしまわないと良いのですが，大き
な流れが３つあることを踏まえて，いろいろな技法がそれぞれの理論から発
展したことが整理されていれば，子どもの認知行動療法をしている時に，闇
雲に技法を適用するのではなくて，根拠を持って用いることができるように
なると思います。

子ども理解に役立つ認知行動療法

Ｉ　認知行動療法は便利な地図を描ける

　認知行動療法を使って子どもを理解すると，子どもの問題の維持要因や成り立ちがはっきりします。それを図に表わし，子どもと共有します。では，子どもの話を聞きながらどうやって図を作って，共有するか，ここでは実際の流れを見てみましょう。図に関する詳しい説明は，第4章「ケース・フォーミュレーション」でします。

　認知行動療法を用いる SC は，子どもの話を具体的に聞いていきます。例えば，不登校の子どもに，多くの SC が「朝，学校に行こうとするとどうなるの？」などと聞くと思います。そして，子どもが，「お腹が痛くなる」と答えたら，認知行動療法を用いない SC なら「それはつらいね」とか「それは嫌だね。今日はよく来たね」などと子どもの気持ちを想像して，受容・共感し，労い，その後も子どもの気持ちを尊重しながら，話を傾聴するかもしれません。認知行動療法でも，受容・共感はなくてはならないものですが，先に説明した，「刺激－反応－結果」のつながりや，反応の中身としての「考え－気持ち－身体の反応－行動」のつながりを知る必要があるので何を聞きたいのか目的意識を持って質問をします。

　では，ここで子どもが「お腹が痛くなる」と答えた後，SC と子どもがどのような会話を続けるのか，やりとりの一例を見てみます。

　SC：朝，学校に行こうとするとどうなるの？
　子ども：お腹が痛くなる。
　SC：今朝も？（子どもが思い出しやすいように今朝のことなど最近のことを聞く）
　子ども：うん。

SC：それでどうしたの？

子ども：トイレに行って，長く入っていたから，お兄ちゃんに「早く出て
　　　きて！」と言われた。

SC：そのとき，どんな気持ちだった？（少しの間。でも子どもが答えない
　　ので……）焦るとか？　あとは？（表情ポスターや気持ちを表す言葉が
　　書いてあるワークシートなどで選んでもらう方法もある）

子ども：うん，焦った。不安とか？　イライラとかかな。

SC：それでどうしたの？

子ども：長くいたけど，トイレから出て，お腹痛いってお母さんに言った。
　　　そしたら「休むの？　どうするの？って聞かれたから休む」って言った。

SC：ラッキー！？　なんてね。休むってなったらどんな気持ち？

子ども：ちょっとホッとした。

SC：うん，うん。ホッとして，お腹も治っていたりして。今日はよく相談
　　室に来たよね。その時はお腹大丈夫だった？

子ども：うん。大丈夫。休んでいるとお母さんうるさいし。（会話は休みが
　　　続く辛さ，親の圧へと進んでいく……）

この会話の後，少し時間をとれるタイミングで，以下のような会話をしな
がら，理解したことを図にします。

SC：いろいろ教えてくれてありがとう。この辺で私が理解したことを図
　　（2-1）にしてみてもいいかな。

子ども：いいよ。（何が始まるのだろうといった表情）

SC：今朝起きたことをちょっと整理してみるね（ホワイトボードや紙に書
　　き始める。ワークシートがあれば書き込むし，なければSCが枠も書き
　　ながら）。朝のいつもの登校時間くらいになると，（『刺激』のところに
　　「登校時間」と書く）「行きたくない」って考えるんだよね。で，「お腹が
　　痛くなる」（『身体の状態』に書く）のと「トイレに行く」（『行動』に書
　　く）。そして，そういう時の気持ちは，「焦り・不安・怒り」（『気持ち』
　　に書く）だったよね。ここまでOK？

子ども：OK。（何を書いているのやらといった表情）

SC：そうすると，結果，休めるから直後はホッとするんだよね（『結果』の

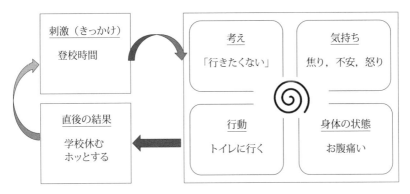

図 2-1　刺激－反応－結果のつながり

　　部分に書く)。その後，じわじわ罪悪感もあるみたいだけど，これはよく
　　あること。はい，これで今朝のパターンでき上がり。合っているかな？
　子ども：うん，そう。合ってる。
　SC：よかった。学校のことを考えると始まるパターンだね(『結果』と『刺
　　激』を矢印で結ぶ)。不快な状況をどうにかするためのパターン。

　こうやって子どもと会話をし，本人が納得しているか聞きながら SC が理
解したことを認知行動療法の枠組みで整理して，子どもと共有します。ここ
まで具体的になったら，あとはこの図をもとに，悪循環を変えるためのいろ
いろな可能性があることを説明できます。この図は，地図のように行き先を
示してくれるのです。子どもと同じ地図を持って，問題改善に向けて手を組
めます。
　よく「どのタイミングでこういう図を書くのか？」と質問されます。決ま
りは特にないです。パターンが見えてきたところで書く場合もあれば，上記
の最初の会話をしたあと，親の圧の話や，家での過ごし方，最近の興味につ
いてなど話が広がって，子どもの気分もほぐれてきたときに書いて今後のこ
とを考えたり，次回までにできそうなことをやってみるようアドバイスをし，
相談の最後にまとめとして書く場合もあります。
　次からは，子どもの地図をより正確に作るために知っておくと便利な予備
知識について説明します。

▌ II　子どもの心理的問題に応じた悪循環

　認知行動療法では，それぞれの心理的問題においてどのような悪循環が起きているのか，研究によって明らかになっています。心理的問題に応じて一般的な考え方の傾向や行動の傾向が積み重なってきています。これらの予備知識を知っておくと，子どもの話を聞きながら，当てはまるかどうか質問して，どのような心理的問題を抱えているのかを確かめることができます。先の地図を描く部分で説明した個別性を重視しながらも，心理的問題に応じて一般的に起こりやすいパターンも知っておくと，より正確に子どもの中で何が起きているのか理解が深まり，見立てる時に役立ちます。

1．不安障害の悪循環

　最初に，不安障害の悪循環について見ていきます（図 2-2）。不安感が強い子どもは，「未知の出来事」や「困難な出来事」に対して，「私にはうまくできない」「うまくいくはずがない」など，「脅威」を知覚し，悪い方へ想定し，不安や恐怖を感じ，回避行動を取ります。回避行動の別の種類として，保障を求めるために確認行動や安全探索行動をとる子どももいて，それらの回避行動によって，「これで大丈夫だ」「安全だ」と思えるので，気持ちが落ち着き，ほっとします。しかし，不安を引き起こすそのものへの根本的な解決（実際は特に怖いものではない）はされないため，考え・捉え方は変わらず，未知なる出来事や困難な出来事に対して同じパターンを繰り返すので，不安が維持されます。

2．強迫性障害の悪循環

　次に，強迫性障害についてです（図 2-3）。強迫性障害は，強迫観念を打ち消す，あるいはコントロールするための強迫行動がセットになっています。中には強迫行動がそこまでなく強迫観念が目立つ子どももいます。子どもと話すときには，強迫観念とか強迫行動という言葉は難しいですし，「強迫」という音自体，怖そうなイメージがあるので（「脅迫」と同じ響きなので），「変な考え」とか「変なくせ」と言ったりします。強迫行動のことを「儀式」「おまじない」「潔癖」と呼んでいる子どももいます。

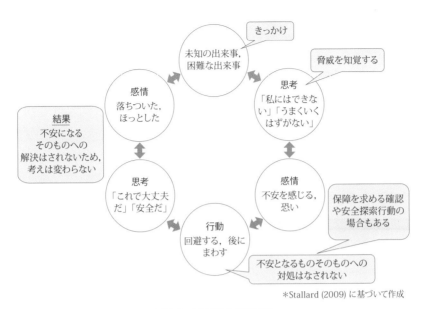

*Stallard (2009) に基づいて作成

図 2-2　不安障害の悪循環

　強迫性障害の子どもは，自分がどうにかしないといけないと考える「責任の肥大」，怖いと知覚しやすい「脅威の過大評価」，自分の考えをきちんとコントロールしないといけない「思考のコントロールの重要性」，"だいたいでいいや"とは思えない「不確実性に関する不寛容」，考えたことが実際に起こると思う「思考と行動の混同」，そして「完璧主義」といった思い込みが特徴的です。そのような思い込みが根底にあるため，あるきっかけによって，「侵入思考」（「汚れた」「死んでしまうかもしれない」「悪いことが起きるかもしれない」など）が思い浮かび，思い込みが活性化され，警戒心が高まり，同時に不安感・恐怖感が強まり，強迫行動が始まります。その結果，きっかけとなるものが多い場所や出来事を回避します。強迫行動で強迫観念をコントロールしようとしたり，そもそも，思い浮かんで強迫行動をとらずにすむように，回避行動をとって不安にさせるものに立ち向かわないので，本当はそこまで危険だったり，怖いものではないことが実感できず（「大丈夫」「特に心配するほどのことではない」と思えず），強迫観念と強迫行為のセットが繰り返され，不安が維持されます。

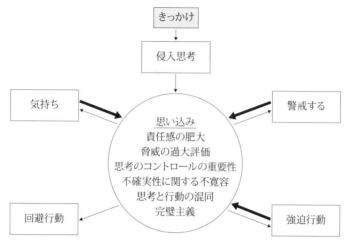

*Waite & Williams (2009) に基づいて作成

図 2-3　強迫性障害の悪循環

3．心的外傷後ストレス障害の悪循環

　心的外傷後ストレス障害（以下 PTSD）の子どもは，うつ状態だったり，不安を感じたりしています。一見すると「うつかな」「不安が強い子どもかな」と見間違えてしまいます。でも，話を聞いていくうちに，虐待体験やいじめ体験，何らかの恐怖体験など，傷つき体験が過去にあり，PTSD の症状である，「侵入」「過覚醒」「回避・麻痺」が認められます（図 2-4）。この 3 つの症状は，お互いに影響し合って，症状を維持させています。「過覚醒」は，敏感さ，警戒心の強さにもつながるので，「侵入・再体験」が起きやすく，不意に思い出し，過去の感覚を蘇らせ，不安にさせます。それがさらに過覚醒を強めます。「侵入・再体験」と「過覚醒」の不快なつながりは，「回避」あるいは「麻痺」といった対処法で自分の心を守ろうとします。「回避」には認知的回避と行動的回避があり，考えないようにしたり（認知的回避），思い出すものなどのきっかけを避けたり，活動が低下したりします（行動的回避）。「麻痺」は，よく思い出せなくなったり，感じなくなったり，表情が乏しくなったりしている状態です。「回避・麻痺」で一時的に気が楽になりますが，過去の外傷体験がすでに終わったことであり，過去のこととならず過去の記憶（整理されていない記憶）に苦しめ続けられてしまいます。これが，PTSD の

```
┌─────────────────────────────┐        ┌─────────────────────────────┐
│  侵入・再体験                │        │  過覚醒                      │
│  不意に思い出す              │        │  物音や刺激に敏感になり落ち着かない │
│  生々しく思い出す・焼きついた感じ │ ⟷ │  睡眠の問題                  │
│  悪夢を見る                  │        │  気持ちがハイになる          │
│  また起こるのではないかと不安になる │   │  イライラする                │
└─────────────────────────────┘        └─────────────────────────────┘
```

一時的に気が楽になる

```
┌─────────────────────────────┐
│  回避・麻痺                  │
│  思い出す場所やものを避ける  │
│  よく思い出せない            │
│  感じなくなり，表情が乏しくなる │
│  話をしなくなったり，考えないようにする │        *Smith, Perrin, Yule & Clark (2009)
│  活動低下                    │                          に基づいて作成
└─────────────────────────────┘
```

図 2-4　PTSD の悪循環

維持される理由です。

　さらには，トラウマ記憶の性質として，「整合性の欠如」「混乱した記憶」「知覚に基づいた記憶」といった特徴があります。例えばいじめられた時の話を聞いている時に，何か抜け落ちているエピソードがあるかもしれないですし，時系列がおかしいと感じることがあるかもしれないですし，特別に何かを鮮明に覚えているということがあるかもしれないので，こういったトラウマ記憶の性質を考慮して，子どもの話を聞きます。子どもが辛そうに話す話を苦しそう，かわいそうという所に共感しすぎて「無理しなくていいよ」と伝えたり，別の話題にしてしまい話をとめてしまうことは認知的回避を助けてしまうので，SC が回避せずに一番辛かった部分を丁寧に聞き，受け止め，子どもに安心感を持ってもらうことが大切です。また，できるだけ時系列に話を聞くことは，子どもの記憶を整理することに役立ちます。一度話を聞くだけで，記憶が整理されるわけではないので，子どものペースに合わせて話を聞いていきます。SC が客観的にトラウマ記憶の性質や，トラウマ反応を理解しながら聞き，症状に巻き込まれないことが大事です。

　また，その子どもの背景となる，素因，家族要因，それまでの体験や思い込み，その時の状態なども現在の PTSD の症状の維持に関連します。このような個別性も踏まえて，関わり方，対応の仕方はその子に合ったものを判断していく必要があります。

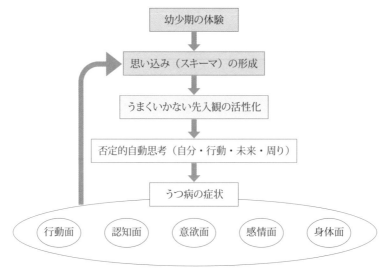

*Verduyn, Rogers & Wood (2009) に基づいて作成

図 2-5　うつの成り立ちと悪循環

4．うつの悪循環

　うつの症状は，身体面，感情面，意欲面，認知面，行動面に現れます。原因は一つではなくて，その子どもの幼少期の体験や素因，家族要因などの複合的な理由が関係し，思い込みが形成され，うつが発展し，維持されます（図2-5）。

　うつの子どもの状態としては，「否定的な思考」「活動低下」「問題解決スキルや対人関係スキルの欠如」といった特徴があります（図2-6）。「否定的な思考」は自分に関する「ダメな人間だ」，世界に関する「誰もわかってくれない」「誰も自分を認めてくれない」，将来に関する「生きていても意味がない」「将来真っ暗だ」といった考え方が特徴的で，「反芻思考」というぐるぐると同じことを考え，深みにはまっていく特徴があります。そのため，抑うつ気分も否定的な思考も強まります。その状態は，活動低下にも影響し，喜びや達成感がなく，抑うつ気分を強めます。さらに，自己嫌悪に陥って，うつの症状である不眠や疲労，集中困難もあり，人とうまく関われなかったり，問題解決ができなくなったりして，状況を変えられず絶望感が増し，それが抑

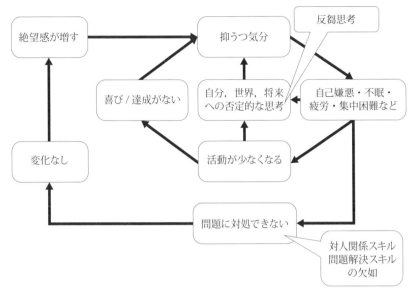

図 2-6　うつの悪循環と維持

うつ気分を維持させます。

　少し話がずれますが，学校を休んでさえいればそこそこ元気に外出し，楽しめている子どもは，うつではなく，不安が強い子どもなのだろうと想定します。不安な子どもが朝起きられないのは，やることがないから暇つぶしに寝ている可能性が高く，予定があれば起きられる子どもが多いです。うつの子どもは，お昼まで寝て，出かけることに誘ってもほぼ行かず，たとえ旅行に行ったとしても宿泊先から出ず寝ていたりします。うつの子どもは，不安の子どもと違って本当にエネルギーがない状態で，親のちょっとした一言に傷ついたり，イライラしたり，自分がどう思われているのか，自分がダメな子どもだと思われているのではないかと怖れ，自己否定をくり返し，行動的には休んでいても気持ちは休まらず，心のエネルギーは消耗しています。うつの悪循環を知って，いかに心のエネルギーを充電していくかが回復への鍵となります。

表 2-1　子どもの問題に対応する認知の偏り

不安：「恐れ」「無力感」「無能感」 　「何か悪いことが起きる」「自分のことを悪く言っているだろう」「変に思われているだろう」 　「対処できるわけがない」「うまくできない」
強迫：「責任感の肥大」「思考のコントロール」「不確実性に対する不寛容」「完璧主義」 　「思考と行動の混同」 　「自分がこうしなければいけない」「きちんとしなければ何か悪いことが起こる」
トラウマ：「自責的」「罪悪感」「抑圧」「症状に否定的」 　「自分のせいで…」「自分だけ…」「考えたくない」「おかしくなった」
うつ「ダメ人間」「批判的」「一般化」「否定的」 　「自分はダメな人間だ」「完璧でなければいけない」「いつも失敗する」 　「みんなからダメと思われている」「もっとこうすればよかった」「たまたまうまくいった」

III　問題に対応する認知の偏り

　ここまでは，4つの心理的問題に対応し，認知・感情・行動がどのようにつながり，問題が維持されているかを見てきました。この節では，「認知の偏り」に注目し，不安，強迫，トラウマ，うつについてまとめます（表2-1）。ここでは，SC が出会う「不安が強い子ども」「強迫傾向の子ども」「トラウマ体験がある子ども」「うつ傾向の子ども」としてみていきます。診断ではなく見立てなので「障害」という言葉は使わないで話を進めます。

　「不安」の認知の特徴は，「何か悪いことが起きる」「自分のことを悪く言っているだろう」「変に思われているだろう」といった恐れにまつわる考えがあったり，「対処できるわけがない」「うまくできない」といった無力感・無能感にまつわる考えがあったりするのが特徴です。

　「強迫」は，「自分がこうしなければいけない」といった責任感の肥大，「きちんとしなければ悪いことが起こる」といった思考のコントロール，「だいたいでいいや」とは思えない曖昧なものを受け入れられない不確実性に関する不寛容，「考えたことが実際に起こる」と思う思考と行動の混同，そして「0か100」の完璧主義があります。

　「トラウマ」は，「自分のせいでこうなってしまった」「自分がもっとこうしていればならなかった」と自責的に考え，「自分だけ免れた」と罪悪感を持ち，「考えたくない」と抑圧し，「おかしくなった」と症状に否定的な思いを

持ちます。

　「うつ」は，「自分はダメな人間だ」「完璧でなければいけない」といったダメ人間としてレッテルを貼り，過度に批判的になります。そして，「いつも失敗する」「みんなからダメだと思われている」と全てにおいてダメだと一般化し，「もっとこうすればよかった」「たまたまうまくいった」と否定的な側面に目が向き，固定されてしまいます。

　このような認知の特徴を知っておくことも，悪循環を知っておくことと同様に，子ども理解に役立ちます。

Ⅳ　行動の機能を知る

　「Ⅱ　子どもの心理的問題に応じた悪循環」では，つながりを見てきました。「Ⅲ　問題に対応する認知の偏り」では，困難に応じた特徴的な認知を見てきました。次に，行動に注目します。子どもが言葉ではうまく伝えられない部分を行動から読み取れる場合がありますので，行動が何を伝えているのか，しっかり見ます（とるともいいます）。

　行動から子どもたちが伝えたいことを読みとることを「行動の機能」を知る，「機能分析」と言います。応用行動分析の中で，問題行動を捉えるときに使う方法です。観察可能な行動の機能（理由や意味）を知り，個に応じた支援方針を立てるために役立てます。なぜなら，行動は突然勝手に起きているのではなくて，必ず，理由があるからです（何かの刺激によって生起し，結果によって維持されています）。行動だけに注目し，機能（理由）も理解せず，ただ「ダメな行動」「問題行動」として捉えて，叱責（罰）でコントロールしようとしたり，強制的に望ましい行動をさせたりしても，望ましい行動は維持されないばかりか，愛着形成の問題や自尊心の欠如，未熟な自我など子どもの成長の土台となるものが育たず，後の心理的問題の要因の一つになったり，問題の維持や悪化の要因になってしまいます。

　また攻撃行動の機能分析ができずに対応したり，行動改善をしようとすると，SCに対しても「わかってもらえなかった」という思いを持ち，関係が崩れてしまう可能性があります。関係が崩れるだけならまだしも，助けを求めたはずのSCが間違った対応をしてしまえば傷つき，これから誰にも助けを求めなくなるかもしれません。

機能分析（Functional Analysis）ABC 分析をする

図 2-7　応用行動分析（Applied Behavioral Analysis）

　では，機能分析について説明します。例えば，「友達が使っている消しゴムを取る」という行動にはどのような機能があるのでしょうか。もしかしたら，消しゴムを忘れたから，「貸して」という「要求」の機能があったかもしれません。あるいは，気になる子どもが消しゴムを使っていて，ちょっかいを出して気をひきたいという「注目」の機能かもしれません。同じ，「消しゴムを取る」という行動一つとっても，その機能は違う可能性があります。その違いを消しゴムをとるという行動の前と後に何が起きているかから見分けます。つまり，行動の前にある刺激と行動の後に続く結果をみます。「貸して」という「要求」だとしたら，自分が消しゴムを使おうと思ったら筆箱に入っていなかったということが前に起きていて（先行刺激），消しゴムをとったら，自分の間違いを消せたということが後に続いていたかもしれません（結果）。「気を引く」という「注目」の機能だったら，隣の子と楽しくふざけていたけどその子が勉強を始めたということが前に起きていて（先行刺激），消しゴムをとったら，友達が「やめて」と自分に関心を向けてくれたということが後に続いていたかもしれません（結果）。つまり，機能分析をするときには，行動のきっかけとなっている先行刺激と，行動の結果何を得られたかをみて，機能を考えます。ですから，機能分析のまたの名を ABC 分析と言い，Aが先行刺激（antecedent），Bが行動（behavior），Cが結果（consequence）となります（図 2-7）。

　このように，行動には理由や意味があって，それを「行動の機能」と言い，大きく分けて，４種類あります。「要求」「注目」「回避」「感覚刺激」です。この４つのどれかを得るために行動を起こしています。行動を起こし，期待通りの機能が得られれば，その行動は維持（強化）されます。

　では，４種類の機能の違いを子どもの怒りと関連する行動を例に取り上げて，それぞれ見ていきます。

- 理由1：<u>要求の機能</u>

わからない（先行刺激）→「教えろ！」と担任に言う（行動）→担任が教
えてくれる（結果）

《わかりたい。教えてほしいという要求》

友達に言われたことが嫌（刺激）→泣いて地団駄を踏む（行動）→先生が
優しくかまう（結果）

《傷ついたことをわかってほしいという要求》

落ち着かなかったために友達から腕をおさえられた（刺激）→友達の腕を
引っ掻いた（行動）→友達が腕を離してくれた（結果）

《腕をおさえられるのは不快だからやめてほしいという要求》

- 理由2：<u>注目の機能</u>

休み時間，みんなが楽しそうに過ごしている（刺激）→友達の髪の毛を引
っ張る（行動）→友達は「やめて」と言ったけど自分に関わってくれた

《「遊びたい・自分の方を向いて」という注目》

授業中，暇になる（刺激）→大きな声を出して先生を呼ぶ（行動）→先生
が「どうしたの？」と聞く（結果）

《「先生の関心をひきたい」という注目》

- 理由3：<u>回避の機能</u>

問題がわからず解けない（刺激）→問題用紙に落書きをして捨てる（行動）
→解かずに済む（結果）

《わからなくて不快な状況を回避できる》

先生が大きな声で怒っている（刺激）→自分もわーっと大きな声を出す（行
動）→先生が大きな声を出すのをやめる

《先生の大きな声という不快感からの回避ができる》

- 理由4：<u>感覚刺激の機能</u>

友達に嫌な思いをさせた後，罪悪感・不安感がある（刺激）→数字を唱え
る（行動）→数字の並んだ感じが気持ちいい

《並んでいる感じが心地よい感覚刺激》

　このように子どもの怒りの感情に伴う行動にスポットライトをあてて，その前後に何が起きているかを捉えると，行動の機能が把握できます。行動の機能がわかったら，同じ機能を持つ，別の望ましい行動，より社会的に許される行動（代替行動と言います）に置き換えられるように練習する方法があります。

　先生や保護者に子どもの問題行動について説明するときも，行動の機能を伝えて，代わりの行動が生起するように，関わってもらえるように提案できれば，役に立つアドバイスになります。つまり，先行刺激や結果の工夫をする介入の仕方で，環境調整をするとも言えます。例えば，イライラし始めている段階（「教えろ！」と命令する前）で，先生が「どうした？ この問題むずかしいよね」と声をかけられれば，この刺激の反応として怒って「教えろ！」と命令するのではなく，気持ちをおさめて説明を聞けるかもしれません。そして解けたら「よくがんばったね。分からなくなったら聞いてね」とほめる（結果）と子どもはうれしくなり，次の問題にもおちついてとりくめるかもしれませんし，分からないときに「教えてください」と言えるようになるかもしれません。そうしたらまたそのような望ましい行動には注目し，要求にこたえます。

　さらに，問題行動の機能分析と併せて行いたいのが，望ましい行動，ポジティブ行動の観察です。望ましい行動がどういう刺激によって生起し，結果によって維持されているかを捉えて，先生や保護者に伝え，望ましい行動を強める関わりができるようにすることも良いです。そうすると，望ましい行動が増えて，それがうまく行けば問題行動は減って，望ましい行動が，問題行動に取って代わる可能性が高くなります。「ポジティブ行動支援」の考えです。

　ポジティブ行動支援の例としては，例えば，「理由３：回避の機能」で問題がわからず解けない（刺激）→問題用紙に落書きして捨てる（行動）→解かずに済む（結果）という例では，「問題用紙に落書きして捨てる」が「回避」の機能があると捉えたら，先生が新しい問題用紙を用意して，最初の一問は先生と一緒に解いたという行動が生起したとします。そうしたら，解いて当たり前にして，「他の問題もやろう」と言うだけにするのではなくて，そこで，もう一言，そしてこれが大切な一言なのですが，「よくがんばって解いたね」と伝え，解いたことに対する一言も忘れずに声をかけると，望ましい行

動が生起する可能性が高くなります。大人はつい怒りっぱなし（注意しっぱなし）になりますが，怒ってしまったとしても，子どもの望ましい行動が生起したら，できて当たり前と流してしまうのではなくて，「できたね」の一言を必ず伝えてできた行動に注目するようにします。そうすると，子どもにとってみたら，少しがんばってやった自分を見ていてくれた，認めてくれたと思うことができます。できたことを伸ばしてもらえた方がストレスなくさらにできるようになると思います。

　教室場面では，周りの子どもたちのポジティブな関わりを強化し，相談対象となっている子どものサポート役として機能するように育てる視点も役立ちます。

V　認知と行動，両方を捉える

　この章では，認知と行動と両方の捉え方を，説明してきました。どちらも捉えることができて，子ども理解と介入方針に役立てられるようにスキルアップすると具体的なアドバイスができたり，個に応じた支援ができたりして役立つ SC になれると思います。

文　　献

Smith, P., Perrin, S., Yule, W. & Clark. M, D. (2009) Post Traumatic Stress Disorder: Cognitive Behaviour Therapy with Children and Young People. Routledge. （下山晴彦監訳（2013）子どもと家族の認知行動療法3―PTSD．誠信書房.）

Stallard, P. (2009) Anxiety: Cognitive Behaviour Therapy with Children and Young People. Routledge. （下山晴彦監訳（2013）子どもと家族の認知行動療法2―不安障害．誠信書房.）

Verduyn, C., Rogers, J. & Wood, A. (2009) Depression: Cognitive Behaviour Therapy with Children and Young People. Routledge. （下山晴彦監訳（2013）子どもと家族の認知行動療法1―うつ病．誠信書房.）

Waite, P. & Williams, T. (2009) Obsessive Compulsive Disorder: Cognitive Behaviour Therapy with Children and Young People. Routledge. （下山晴彦監訳（2013）子どもと家族の認知行動療法5―強迫性障害．誠信書房.）

第3章

出会いと動機づけ

I　子どもへの姿勢

　認知行動療法は，子どもへの共感・受容，関係作り，モチベーションを高めることを土台とし，子どもの状況に即した個別性の高い見立てと，その見立てに基づいた効果的な介入方法を組み合わせて進めます。進め方は，子どもの思いやペースを汲んで，好みや理解度に応じて心理教育やワークを取り入れます。子どもと手を組み足並み合わせて進むサポート的な面と，説明をしたり，背中を押したり，失敗しても子どものせいではなくて SC の問題として引き取るリーダーシップをとる面と両方あります。出会いから改善まで子どものモチベーションをいかに保つかということが重要なので，この章では動機づけについて見ていきます。

　動機づけを高め，維持することを考えたときには，子どもがわかってもらえている，大切にされていると実感しているかが大事です。これは，子どもの目線で物事をとらえて，子どもの世界を理解しようする，どのようなアプローチの心理面接でも重要視することですが，認知行動療法も例外ではありません。子どもの認知行動療法の第一人者である英国バース大学のポール・スタラード Stallard, P. 先生は，子どもの基本姿勢として，大切なポイントをキーワードで示し，その頭文字を取って「PRECISE」と呼んでいます（表3-1）。

　P は，「Partnership；協働」の頭文字で，子どもと協働関係を築くために力を注ぐことが大切であることを伝えています。R は，「right developmental level：発達に即して」の頭文字で，言葉の使い方や，ワークの工夫など，子どもの発達に合わせて関わっていく必要があることを伝えています。E は，「empathetic relationship：共感」の頭文字で，子どもから見える世界を理解し，子ども目線で関わる重要性を示しています。C は，「creative：創造

表 3-1　子どもの認知行動療法の基本姿勢

P（Partnership）**協働**：若者とセラピストの協働関係。
R（Right development level）**発達に即して**：若者の能力に即す。
E（Empathic relationship）**共感**：若者と暖かく，気配りがあり，尊重する共感的関係
　　を築く。
C（Creatively）**クリエイティブ**：CBT の概念が若者の興味や理解に合わせて，クリエイ
　　ティブに柔軟に活用される。
I（Investigation）**発見**：知りたいと思うことで，新たな気づき，発見がある。
S（Self-efficacy）**自己効力感**：若者自身の強み，スキル，アイディアを生かす。
E（Enjoyable and engagement）**主体的に参加し，楽しむ**：楽しく，主体的に参加で
　　きるものにする。
＋ Family：必要に応じて家族とも協働する。

＊ Stallard（2019）より

性」で，心理教育の仕方やワークの導入や仕方など，創造的に工夫する必要
があることを伝えています。I は，「investigation：発見」の頭文字で，子
ども自ら実験してみた結果，発見し，実感することが必要です。S の「Self-
efficacy：自己効力感」は，すでにできていること，試してみてできたことを
重要視し，そこから自己効力感を高めて取り組んでいけるよう配慮すること
です。E は，「enjoyable and engagement：主体的に参加し，楽しむ」で，
うまくいく秘訣です。子どもたちが楽しめるし，楽しければ主体的に取り組
めるようになります。最後に，F（family：家族）は，PRECISE には含ま
れていませんが，家族とどう協働するかは重要なポイントなので，つけ加え
ています。PRECISE で示している基本姿勢を実践していくと，子どもとの
関係性が深まり，そのような信頼関係が土台となって，介入が効果を発揮し
ます。

　実際に相談室に来る子どもとの関係性に当てはめて考えてみます。出会う
前から，「どんな子どもかな」と想像している SC も多いのではないでしょう
か。最初の子どもとのコンタクトでは，子どもの表情や姿勢，声の調子など
様子を見ながら，ペースを合わせ，言葉をかけていきます。「相談室は怖い場
所ではないよ」「SC は怪しい人ではないよ。むしろ味方になりたいと思って
いるよ」と心の中で思い，少しでも安心してもらえるように，言葉をかけ，
楽しめる工夫をすることも多いのではないでしょうか。そして，子どもの言
葉や態度を聞き，見ながら「あなたのことが知りたい，教えて欲しい」「何も
先入観なく聞くよ」と思い，好奇心を持って率直に質問しますし，それで答

えられなくてもそれがその子の今の状況だろうと受け止めると思います。このような知りたい，味方になりたいというスタンスは出会いから相談室を飛び立つまでずっと続きます。子どもを理解する場面では，サポーター役として一歩後ろから支えるよき理解者のようです。

　そして，介入場面では，サポーター役とは少し変わり，リーダーシップをもって，「頼りになる SC」のイメージです。子どもに，「今の苦しい状態はこういう理由から起きているのではないかと考えたんだけど」「今まで聞いたことを整理してみるね」「もし違ったら言ってね」など伝えて，SC の見立てを共有します。SC がどう子どもを理解しているのかきちんと説明し，子どもの意見を聞き，あまり当てはまっていなければ，それを受け入れ修正します。これはとてもフェアで子どもを尊重したやり方だと思います。そして，子どもが苦しみを維持している理由を共有しながら，子どもが今とっている方法ではない別のやり方があることを提案し，効果を説明します。それを聞いた子どもの様子をよく見て，「したい」「やってみようかな」という思いを汲み取ったなら，介入します。同時に，「やってみる価値はありそうだけど，うまくいかないかもしれないし，うまくいかなかったら別の方法を考えよう。何事も実験だからね」と伝え，完璧にできなくても良いことを伝えます。

　このように子どもとの関わりの中では，自分があたかも子どもになったような感覚で同志のように一緒に楽しんだり，さまざまな気持ちを共有したりする部分と，うまくいく方法を知っているリーダーとして関わる部分と両方あります。もしかしたら，ドラえもんのような存在かもしれません。のび太くんが「ドラえも～ん」と SOS を出したときには，「うんうん」とよく聞いて，のび太くんの助けになる道具を四次元ポケットから出す，そんな優しく，頼りになる SC のイメージです。

▌ II　子どものモチベーションは低い

　子どもが初めて SC と話す時，子どもはどのような思いを持っているのでしょうか。「自分はおかしくない」「相談するほどではないけど」「何を話したらいいかわからない」「相談するなんて弱い人と思われないか」「相談しても仕方ない」など否定的，悲観的な思いを持っているかもしれません。また，保護者や先生に勧められて来談することも多いので，「めんどくさい」「強制

的に行かされた」「自分よりも親の問題」「親のために来た」とまったく乗り気ではない，後ろ向きな思いでくる子どもたちも多いです。そして，わずかに，「話したら楽になるかも」と希望を持って来る子どももいます。大なり小なり緊張感のある子どもに会うのは SC も緊張します。でも，裏を返せば，お互い相手のことを知らず，先入観だけで「こうかもしれない」「こうだったらどうしよう」と想像しているだけです。事実ではないので，まずはその場の出会った雰囲気で息を合わせるしかありません。SC は，援助要請を受け止め，その子の準備状態に合わせて，認知行動療法の介入が良いのかまだタイミングではないのか見極めます。SC は，アセスメントを始めていますが，子どもにしてみれば，アセスメントされているかはともかく，SC が話しやすい人か話しにくい人かが大事です。そのため，SC は，話しやすい人になるべく，またその子とつながるために全力を尽くすことがもっとも大切だと思います。

III　準備が整っているか

　認知行動療法をするにあたって，以下の点を押さえましょう（Stallard, 2021）。

・問題意識がある。
・問題は変えられると思う。
・助けを求めるということは，変わるためになると思う。
・自分がスキルを身につけていくためにセラピストが助けになると思う。

　もう少し具体的に言うと，ある女子が，「3 人で仲が良いのだけど，なんとなく 2 人から自分は浮いている気がする」と相談に来たとします。さらに，「それも自分の受け止め方が否定的というか，気にし過ぎなところがあるのかなって思うんです」と話が続きます。この生徒なら，認知行動療法をする準備が整っています。自分が困っていることを具体的に話し，受け止め方に解決への糸口が隠れているかもしれないと気づき始めていて，さらにその受け止め方に関して問題解決となる手がかりを SC が持っているかもしれないと期待しているようです。つまり，「SC を頼りにして，やってみようという意

欲」がありそうなので，準備が整っています。

　この場合，認知行動療法の枠組みで問題を整理し，介入へとスムーズに流れていくでしょう。少しだけフライングして，この後の展開の可能性をお伝えすると，具体的に浮いていると感じたエピソードを聞きます。その中で，「昨日，自分がお手洗いに行っている間に二人が先に教室を移動していた」という話が出たとします。そうしたら，ふむふむ，その状況でどう思った？　どう感じた？　そしてどうしたのか？　といった，考え，気持ち，行動を捉えるための質問を続け，情報を取れたら，整理します。例えば，「友達が先に教室移動をした（きっかけ）」→「私を無視して行ったと思った（考え）」→「寂しい，怒り，不安（気持ち）」→「なんとなく２人を避けた（行動）」→その場はなんとかなったけど，「２人と気まずい（結果）」といったつながりになるでしょう。このつながりを生徒と共有して，今の状況と違う考え，あるいは行動ができるか探っていきます。もしかしたら，以前，気になっていなかった時の似た状況のときには，どう受け止めていたか，どう行動していたのかを聞いてみるとそこに解決の糸口が隠されているかもしれません。あるいは，友達が似たような問題を抱えていて自分に相談してきた時に，自分だったらどうアドバイスするか聞いてみると別の考え，別の行動が思い浮かぶかもしれません。さらには，きっとこの問題にとどまらず，その他でも友達関係においては，気にしすぎて，不安になって，回避行動を取るパターンがあるかもしれないので，もう少し視野を広げて，不安全体に対して介入する必要があるかもしれません。これ以上は，今の時点で話を深めませんが，いずれにしろ，上記のような捉え方，行動への介入を始めてみる手はありそうで，そのためには，子ども自身の準備が整っているか見極める必要があります。

　次のようなケースは，認知行動療法をする準備が整っていないと言えます。家庭内のことで悩んでいて，自傷行為をして悩んでいる友達がいて，友達の話を聞いているけど自分の力ではどうしようもないから，その友達を連れてきてもいいかと，ある生徒が話してきました。先生も心配している生徒で，その生徒は SC の所に話しに来てくれた友達と一緒に来ましたが，自分は特に悩んでいるわけではないし，「小学校の時に SC と話したけど自分が聞きたいことを聞けなかったから，意味がない」と言います。このような状況では，自傷行為の話はおろか，家庭内の悩みも話す気もないので，無理に聞き出すことはできません。むしろ「悩んでいるのではないか？」「自傷行為は問題

だ」と決めつけられることが本人にとっては「余計なおせっかい」「問題児扱いにしないでほしい」と嫌な気持ちにさせるかもしれません。友達や先生は心配していますが，当の本人は，相談する必要性を感じていませんが，まずは貴重な時間を割いて相談室にきたことは事実であり（小学生のときの SC への相談は意味がないと思ったのにも関わらず），接点ができたので，そこを手がかりに，「普段は昼休み何をして過ごしているの？」「どんな話題で友達と盛り上がるの？」など昼休みに相談室に来たという接点から雑談を手がかりに，その子の興味があること，好きなことに話を進められたら，現状で息抜きできている部分，うまくいっている部分など聞くと昼休みといった短い時間で，その生徒が話に来た意味，わずかな解決の糸口を掴めるかもしれません。あるいは，友達が連れてきてくれたということは，友達が SC に話していることは了承済みなので，SC が友達から，当の生徒が友達に相談している内容を聞く（コンサルテーションのような形）ようにして，友達のサポートをするというのもありかもしれません。3 人でいた方が生徒も安心するなら，その形で話を聞いているうちに，当生徒が友達なしで相談するタイミングがくるかもしれません。このような子どもには，認知行動療法よりもまずつながりを持ち，それを太くし，いざというときに認知行動療法へとつながる情報や介入で使えるリソースをさりげなく集めることが先決で，これも，子どもの認知行動療法へとつなぐ大事な土台作りとなります。

　今までの話を「変化への段階モデル」（図 3-1，表 3-2）に基づいてまとめてみましょう（Stallard, 2021）。この図は，認知行動療法を導入するタイミングかどうかの指標です。最初の前考慮段階と考慮段階では，まだ認知行動療法の介入は登場せず，土台作りです。そして，準備段階に子どもは，自分の問題を客観的に見始める準備が整っているので，認知行動のつながりを紹介します。実行段階，維持段階，再発対処段階は，認知行動療法の介入をする段階です。この図からわかるように出会った瞬間から闇雲に認知行動療法をすればいいというわけではなくて，子どもの状態に準じて取り入れることが大事です。

IV　出会いの工夫

　子どもたちの多くは，前考慮段階や考慮段階で相談に来るので，ここでは

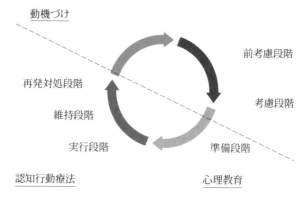

図 3-1　変化への段階モデル

表 3-2　変化への段階モデルの説明

・前考慮段階 　出会い。問題意識は低く，変わる必要性を感じず，変われると思っていない。この段階では，現状と将来の違いをはっきりさせることを目指す。セラピストは，変わる可能性について楽観的でいながらも，今は積極的に何か変えようとするにはいいタイミングではないことを受け止める。
・考慮段階 　問題意識を感じ始めてはいるものの，変えられることについて不安に感じていて，積極的にどうにかしようとまでは思っていない。
・準備段階 　「少し試してみよう」という気持ちになっている。前にうまく行ったこと，過去に役立ったスキル，考え，行動を取り上げる。子どもを肯定し，長所に注意を向けながらも，セラピストは気分の浮き沈みなど落とし穴の可能性にも目を向ける。
・実行段階 　すでに小さい課題は，達成できているから次は何をすればいいのかという気持ちになっている。
・維持段階 　獲得したスキルを継続して日常生活で使えるようにする。
・再発対処段階 　再発した時に対処する方法を身につける。

どのように関係を築くのか，ある工夫を紹介します。不登校の低学年の女の子が両親と来談しました。保護者の意図としては「学校に行けるようにしたい」ですが，子どもの本音はどうでしょうか。多くの不登校の子どもたちは，不登校で何かを訴えているような気がします。認知行動療法的に言えば，学校にいかないという行動の機能があるだろうし，維持されている理由があります。それは言葉になっていませんが，機能や維持されている理由はなんだろうと「？」を持ちながら，両親と女の子に会っています。つまり，親としては，「登校できるようになんとかしたい」と願っているのかもしれませんが，子どもにしてみれば，不登校という行動を使って大人に何かを伝えようとしているのかもしれないのでその子どもの思いや気持ちを理解しながら，介入します。

　女の子はとても緊張した様子で，両親の後ろに身を隠し，SC に何をされるのだろうと不安げな眼差しで見つめます。女の子が怯えた状態で，SC が「今，どんなことに困っているのかな？」「どうしたいのかな？」と聞いても，答えられない可能性が高いです。代わりに女の子は，親に助けを求めて，親が代わりに答え，ますます親の後ろに隠れ，縮こまり，途中何度か子どもの話を聞こうと試みても，問題に焦点を当てて聞くということを変えなければ，子どもを怖がらせるばかりで，親の思いだけを聞いて終わってしまうかもしれません。そうすると，次に会う約束をしても，親ばかり話していたので，自分をあまり尊重してもらえなかった思いや恐怖心が残り，来なくなるかもしれません。先ほどの図で言えばこの子は，「前考慮段階」です。そうだとしたら，SC は先走りせず，「問題」を聞くことも，「変わる可能性」について話すことも一旦保留にし，まずは子どもが話しやすい環境づくりをする工夫が必要です。

　答えにくいことを聞くのではなく，答えやすい話題にします。最初にどのような質問をするのかはとても難しいのですが，答えやすいように，「自己紹介ゲーム」をすることにしました。全員が，自分に関することを３つ言いますが，一つだけ嘘が混じっています。こうして少し場が和み笑顔が出てきたところで，「今日は話す時に，答えにくいなとか疲れたなと言うときには，『おやすみカード』を使ってね」と伝え，準備してあったおやすみカードを渡します。次に，本人のすごいところや素敵なところを保護者からそれぞれ言ってもらったり，逆に女の子からお父さんやお母さんのすごいところや素

敵なところを聞いたりします。そうすると，その子の強みや好きなことがわかったり，親子関係が見えてきたりします。両親は，子どもが自分達のことをそのように思っていたのかと嬉しそうにし，場がさらに和みます。その関係性や強みは介入する際のリソースとして使えます。さらには，状況次第では，ミニチャレンジとして，近くの保健室かどこかの場所にシールを取りに行こうと提案したりもします。もしできたら褒めて（親も喜びます），それは行動したことへの強化となり，わずかながら自己効力感の高まりへとつながるかもしれません。もしできなくても，「できない」と言えたこと，相談室には来られたことなど何かできた部分に注目し，それに対して言葉やシールなどをご褒美とします。このように行動したことに対する強化は，次への来談につながる可能性が高まります。最後に，みんなで短い時間，トランプなど簡単なゲームをして，日常に帰す工夫もします。ゲームを通してどのような子かわかりますし，親子関係も観察できます。子どもにとってはまさか相談室で，大人3人と一緒にゲームができるとは思っていない嬉しいサプライズになるかもしれません。こうして，認知行動療法は待機させて，少しずつSCとの安心できる関係を築き，子どものモチベーションの状態に応じて，認知行動療法をする準備を整えます。

文　　献

Stallard, P. (2019) Thinking Good, Feeling Better: A Cognitive Behavioural Therapy Workbook for Adolescents and Young Adults. Wiley.（松丸未来・下山晴彦監訳（2020）若者のための認知行動療法ワークブック．金剛出版.）
Stallard, P. (2021) A Clinician's Guide to CBT for Children to Young Adults. Wiley.（下山晴彦監訳，松丸未来訳（2022）決定版　子どもと若者の認知行動療法ハンドブック．金剛出版.）

ケース・フォーミュレーション

I　ケース・フォーミュレーションとは

　ケース・フォーミュレーション（以下 CF）とは，子どもの問題の成り立ちや発展，維持についての理解を図に示したものです。それは，人それぞれ違う主観の世界をはっきりさせて，可視化したもので，子どもの世界を知ることであり，臨床的理解を示すものです。

　使い道は主に2つあります。1つは，子どもや子どもと関わる大人と共有し，客観的に子どもの主観の世界を理解するためのものです。自己理解を深めたり，認知行動療法のワークを導入したりする際の心理教育となります。もう1つは，心理専門職として，他の専門職と関わるときに SC の臨床的理解を共有するときに使います。例えば，ケースカンファレンスや，主治医との連携の時などです。SC の見立てが整理されているので，短時間でわかりやすく伝えられ，共通理解を図れます。

　CF の種類や形態は，作成する人や意図によって個性がありますが，3種類くらい使いこなせると便利だと感じます。1つは，シンプルな現在の悪循環を示す「問題の維持に関する CF」です。2つ目が，いくつかの背景要因を含む「問題の成り立ちに関する CF」です。3つ目が，問題が多岐にわたっていたり，併存していたり，複合的な要因が関係している場合，それらの関連性を説明できる「問題の全体像を表す CF」です。

II　現在の問題の維持を捉える

　「問題の維持に関する CF」は，第2章の「認知行動療法とは」で説明した，刺激−反応−結果のつながりを特定し，現在の悪循環の一つを明らかにするものです（図4-1）。この CF は，現在の悪循環を明らかにすると同時に，子

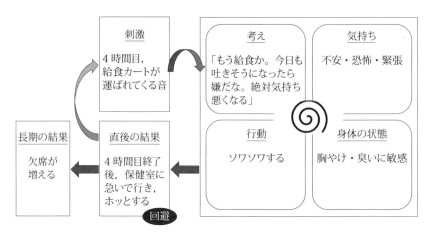

図 4-1　問題の維持に関する CF の例（給食がだんだん怖くなる男子）

どもの反応の中身である，どのような考え－感情－身体の状態－行動なのか
も明らかにします。ときには，反応の中身の 2 つだけとりだして，リラクセ
ーションのワークをする前に，効果を説明する際の心理教育教材として，感
情－身体の状態のつながりを示し説明するときにも使えます。また，考え－
感情のつながりを示して，捉え方によって感情が変化することを説明し，柔
らかい考え方を目指すワーク（認知再構成法）をする際の心理教育としても
使えます。

　「問題の維持に関する CF」を作れるようになるためには，以下のスキルが
必要です。

　　スキル 1 ：刺激－反応－結果の関係性を捉えられる
　　スキル 2 ：考え・感情・身体の状態・行動を区別できる
　　スキル 3 ：行動の機能を捉えられる
　　スキル 4 ：直後の結果，長期の結果を特定できる

　まず，スキル 1 「刺激－反応－結果の関係性を捉えられる」とスキル 2 「考
え・感情・身体の状態・行動を区別できる」を説明します。次のストーリー
を読みながら，それぞれどれに当てはまるか考えてみてください。
　あるところに，給食の時間が怖い中学 1 年生の男子がいました。みんなに
とっては楽しい給食タイムですが，なぜかこの男の子にとっては恐怖タイム

です。どうしてでしょう。理由を探るために，話を聞くと次のようなことがわかりました。聞くポイントは，きっかけとどんな反応を起こしたか，その結果どうなったかです。4時間目の授業の最中，給食カートが運ばれてくる音が聞こえました（きっかけ，刺激）。それに対して，この男の子は，「もう給食の時間か。今日も吐きそうになったら嫌だな。絶対気持ち悪くなる」と考えると同時に，気持ちは不安・恐怖・緊張で，身体の状態は胸の辺りがムカムカしてきて匂いに敏感になります。行動としては，一刻も早く保健室に行きたい感覚になりソワソワし始めます。結果，4時間目の終わりの挨拶をすると一目散に保健室に行き，給食は食べずに過ごします。みんなが食べている様子を見なくて済むし，食べなくて済むので，保健室でホッとして過ごします。次の日も同じパターンが起きて，長期的な結果としては，だんだんと保健室に行く回数が増えて，学校を欠席しがちになるかもしれません。この男の子の給食タイムの主観の世界をCFで示すと図4-1のようになります。図4-1のようなCFを作り，子どもと共有し，子どもとしても自分に何が起きているか理解することにつながれば，CFの意味は大きいです。

　スキル3「行動の機能を捉えられる」とスキル4「直後の結果，長期の結果を特定できる」として，CFを作る際に，第2章の「Ⅳ　行動の機能を知る」で説明した，応用行動分析の観点からも問題を見立てられると便利です。ある行動をとることで，何が得られたのでしょうか。「要求」「注目」「回避」「感覚刺激」のどの機能に当てはまるか把握できると良いでしょう。なぜなら，機能を把握できたら，代替行動（より社会的に適切な，望ましい，長期的にマイナスの結果にならない行動）を身につけられるように，介入方針を立てて，学習できるからです。

　例えば，給食が恐怖タイムの例では，「回避」の機能がありますので，代替行動としては，無理のない範囲内でスモールステップで給食タイムに向き合っていく方法がとれるかもしれません。ここでの代替行動は，回避行動ではない安心感を得る行動です。まずは，保健室で手持ちの食べやすいものを食べるとか，牛乳だけ飲むとかから始めて，気持ち悪くならなかったという経験を積み重ねる方法があるかもしれません。それと同時に，何か他のことを考えたり，注意を給食ではないところに向けたりして気が楽になって，気持ち悪くならなければそれらの気を逸らす方法は回避行動に代わる，給食タイムを過ごす一助になるかもしれません。このように，スモールステップで立

ち向かう方法と気を逸らす方法など，行動と認知と両方のレパートリーが広がると，給食タイムを回避する代替行動として役に立つ可能性があります。また，ほかの不安になる場面でうまくいった方法を聞いて，給食タイムにも取り入れる方法もあるかもしれません。

Ⅲ　問題の成り立ちを捉える

　問題が維持されている理由があるなら，現在の問題が成り立った経緯もあります。過去に遡って，問題の形成と関係がある過程も盛り込み，現在の悪循環を明らかにします。現在の問題と関連する子どもの特性や素因，家族要因,過去の経験と,その積み重ねで形成された思い込みを特定し（発生要因），可能な範囲内で，直接，現在の悪循環に関係する重要な出来事とそこから生まれた先入観も明らかにします（決定要因）。そして，「問題の維持に関するCF」で説明した維持要因も含めます。過去から現在に至るまでの問題の経過が一目瞭然でわかるような図です。また，子どものリソースとなる，好きなこと，得意なこと，ソーシャルサポートの有無などもメモしておくと介入する際に役立ちます（図4-2）。

　なるべく情報量はシンプルに，つながりをわかりやすく捉えるために作りますが，それでも情報量は多いので，面接を何回か重ねていく中でより実態に合ったCFを作っていきます。新たな情報が加わったり，それによって見立てが変わったりすれば加筆修正します。

　「問題の成り立ちに関するCF」を作るには，以下のスキルが必要です。

スキル1：現在の問題と関係する家族要因・素因，過去の重要な出来事を特定し，思い込みを推測できる
スキル2：現在の問題と関係する決定的な出来事と先入観を特定し，思い込みや現在の問題と関係づけられる
スキル3：過去から現在のエピソードを関係づけて，悪循環を特定できる
スキル4：問題の成り立ちのCFに基づいて，まずは何をすると良さそうか，どんな支援が必要か方針を立てられる
スキル5：必要に応じて，本人，保護者，連携する人たちと共有できる

ケース・フォーミュレーション 第4章

素因：遺伝，体質，気質

家族関係：家庭内の状況，家族メンバーの特徴，関わり方

発生要因：いじめ，病気，学習のつまずき，トラウマ体験などの過去
（幼少期）の出来事

↓

決定要因：現在の悪循環を形成するきっかけとなった重要な出来事

↓

維持要因：現在の悪循環

*乗り越えられた時の方法，強み，問題がなくなったらやりたいこと，
人とのつながり，どんな自分になりたいかなども合わせて聞いていく

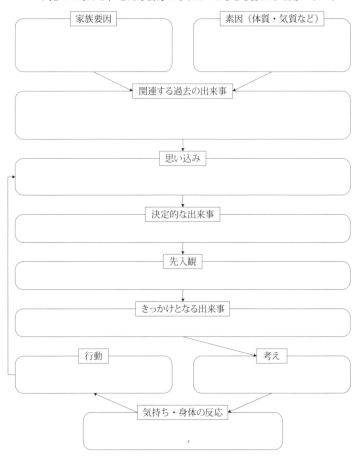

図 4-2　問題の成り立ちに関する CF の情報

　では，架空の事例に基づいて，CF を作ります。ケースの概要は次の通りです。中学 2 年生の不登校の女子生徒，はなちゃんです。父親は，会社員ではなちゃんとの情緒的つながりが弱く，母親はうつ病で十分に養育できず，本人との関係は希薄でした。その代わりに，母方の祖母が本人の養育をしていたので，関係性が築けていました。しかし，小学校 4 年生の時に，急な病気により死別してしまいました。その他，過去の出来事としては，小 6 の時のいじめ体験と，中学 1 年生の時の朝礼で吐いてしまい，過呼吸になった経験もあります。そして，中学 1 年生の秋から不登校です。相談室に通い始めた時点では，否定的な考え，反芻思考，意欲や活動が低下しているなどうつ症状が見られました。また，はなちゃんは，人混みでの過呼吸や気持ち悪さ，集団や勉強の遅れに関する不安も話していました。午前中に起きられず，血圧が低く，起立性調節障害の診断も受けていました。一部完璧主義なところがあり，ダメな自分に対しての罰として自傷行為も認められました。家族も心配し，病院には通院していたので，SC としては，早い段階で主治医と情報共有し，「複合的な問題によるうつ状態，コミュニケーション下手もある」という共通認識の元，まずはうつへの支援，そして過去の話を聴いていきながら安心を確保していくことと，自分の思いを人に伝える練習にもなることを共有し，心理的支援をスタートしました。病院では薬も処方されていました。はなちゃんは，学校に行けるようになるために相談室に来ようと思ったようですが，「学校に行く」は表向きの理由で，実際は友達と過ごしたりして，楽しい時間を過ごしたい，楽しい気分になりたいがもっとも望んでいることでした。

　過去の経験などの情報を取るには，関係を築きながら，3，4 回の面談を重ねて，明らかになりました。祖母の死や，いじめ体験，朝礼での過呼吸の際に感じた恐怖や恥ずかしい気持ちは，問題が改善されるまで折に触れ語られました。

　これらの情報を「問題の成り立ちに関する CF」にまとめます。はなちゃんの場合，現在現れている問題として，うつと不安の 2 つがあります。家族要因・過去の出来事・素因といった問題の発現のルーツとなるものは同じですが，形成された思い込みや決定要因は，問題に応じて違うので，CF を別々に作ると，それぞれの問題の成り立ちと介入方針が明確になります。では，次からうつと不安とそれぞれに作った CF を説明します。

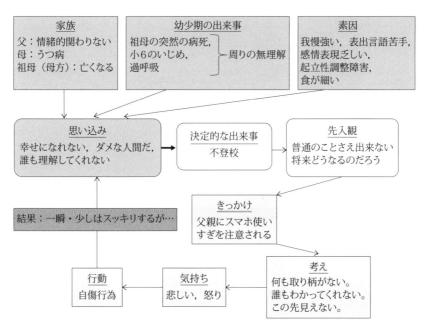

図4-3　はなちゃんのうつに注目した問題の成り立ちに関するCF

　1つ目（図4-3）が，はなちゃんのうつに注目し，作ったCFです。家族要因と幼少期の出来事，そしてはなちゃんの素因がお互い影響し合い，「幸せになれない」「ダメな人間だ」「誰も理解してくれない」という思い込みを形成したと仮説を立てました。そして，決定要因としては不登校が続いていることで，「普通のことさえできない」「将来どうなるのだろう」という先入観が表れていると考えました。そして，現在の悪循環としては，例えば，父親にスマホの使い過ぎを注意されたことがきっかけとなり，自分や将来，他者に対する否定的な考えが思い浮かび，気持ちは落ち込みと悲しみとイライラが生じ，行動としては回避の機能がある自傷行為となっているのだろうと捉えていました。直後には，一瞬スッキリしますが，長期的な結果としては，ダメな自分や将来に対する否定的な思い込みを強めます。こういう仮説やCFを作るには，第2章で述べた「Ⅱ-4．うつの悪循環」が役立ちますし，はなちゃんから語られた内容から仮説を立て，図式化します。

　2つ目のCF（図4-4）は，はなちゃんの不安に注目し，作りました。家族要因・幼少期の出来事・素因は同じですが，不安の思い込みとして「曖昧な

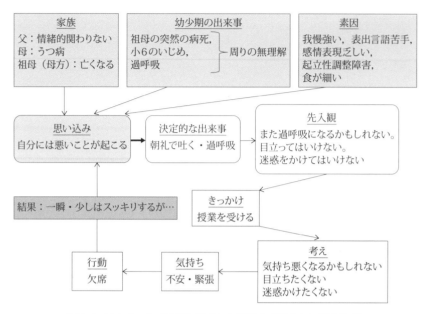

図4-4　はなちゃんの不安に注目した問題の成り立ちに関するCF

状況に対する恐怖心を持つこと」が研究によって明らかになっているので，本人の語りと研究結果の両方と照らし合わせて「自分には悪いことが起こる」です。決定要因は，朝礼での過呼吸と嘔吐といった思い込みを決定づける恐怖体験で，その経験により，「また過呼吸になるかもしれない」といった予期不安，「目立ってはいけない」「迷惑をかけてはいけない」といった責任感に通じる考えがあるだろうと仮定しました。そのような前提の結果，「授業を受ける」ことに関する呼びかけや時間割を見るなどのきっかけによって，「気持ち悪くなるかもしれない」「目立ちたくない」「迷惑かけたくない」といった考え，「不安」や「緊張」といった気持ちが生じ，回避行動をとる，つまり欠席するが行動です。その結果，一時的に安心感を得ますが，長期的には，「自分には悪いことが起こる」という思い込みを強める結果となります。図4-4のCFを作るには，第2章の「Ⅱ-1．不安の悪循環」が頭に入っているとはなちゃんの話したことと照らし合わせて仮説を立てやすいでしょう。

Ⅳ　問題の全体像を表すケース・フォーミュレーション

　「Ⅲ　問題の成り立ちを表すケース・フォーミュレーション」では，うつと不安の成り立ちに関してそれぞれ分けて，CF を作りましたが，ここでは，分けずに，問題の全体像を表す CF について見ていきます。「問題の全体像を表す CF」を作るためには，以下のスキルが必要となると考えます。

　スキル1：問題の成り立ち，発生・発展・維持の3段階を把握できる
　スキル2：認知モデル（思い込みの特定や認知の特徴を捉えている）や応用行動分析（行動が維持されている理由を捉えている）の知識を元に，問題を整理できる
　スキル3：現在の問題に関連する必要十分な情報を整理できる（情報過多になり過ぎない）

　図4-5は，はなちゃんの目の前で作ったもので，家族関係や素因などの背景は含めませんでした。なぜなら，はなちゃんは一度に多くの情報量は処理しきれないのと，一つひとつの経験によって，段々と心のキャパがいっぱいになってしまい，現在の悪循環へと発展した様子を一番に伝えたかったからです。ただ，伝えるときには，「はなちゃんは，辛い体験があったときに，あまり人に話をせず，がまんをためこんだのも関係していると思う」ということと，「話しやすい人が近くにいなかったこともあると思う」ということは伝え，素因や家族の環境が関係していることは言葉で伝えました。そして，「今の気持ちは，『悲しみ・落ちこみ・不安・怒り・無になる時もある』，考えは『もうだめだ』『先はない』『誰にもわからない』，行動は『動けない』『休むしかない』となって，お互いに影響し合っているから，ぐるぐると悪循環になっているのだと思うのだけど，合っているかな？」とはなちゃんが納得しているかを聞きました。
　ケースカンファレンスや医者と共有する際には，図4-6のようなものを作りました。問題の成り立ちが上部，発生・発展要因が真ん中の部分，維持要因が下部に示され，つながりもわかるようにしています。家庭環境や本人の素因と過去の出来事がお互い影響し合い，問題が発展し，その中で，「ダメな

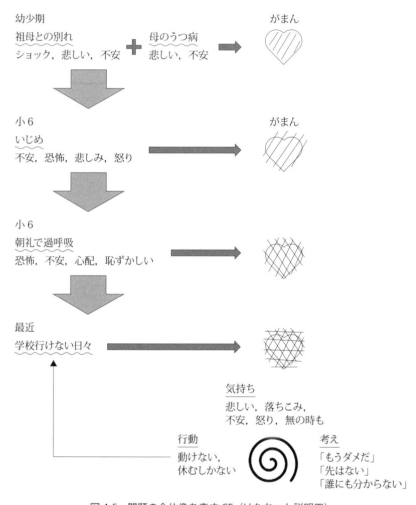

図 4-5　問題の全体像を表す CF（はなちゃん説明用）

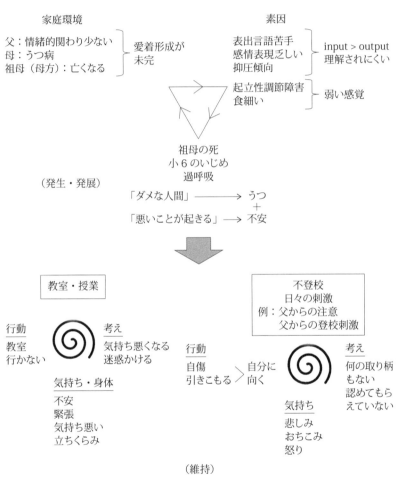

（成り立ち）

家庭環境	素因

父：情緒的関わり少ない
母：うつ病
祖母（母方）：亡くなる
　　　　愛着形成が
　　　　未完

表出言語苦手
感情表現乏しい
抑圧傾向
　　　　input > output
　　　　理解されにくい

起立性調節障害
食細い
　　　　弱い感覚

祖母の死
小6のいじめ
過呼吸

（発生・発展）

「ダメな人間」　――――→　うつ
　　　　　　　　　　　　　＋
「悪いことが起きる」――→　不安

教室・授業

不登校
日々の刺激
例：父からの注意
　　父からの登校刺激

行動
教室
行かない

考え
気持ち悪くなる
迷惑かける

気持ち・身体
不安
緊張
気持ち悪い
立ちくらみ

行動
自傷
引きこもる
　　　　自分に
　　　　向く

考え
何の取り柄
もない
認めてもら
えていない

気持ち
悲しみ
おちこみ
怒り

（維持）

図 4-6　問題の全体像を表す CF（大人用）

人間」といったうつの認知の特徴である思い込み，そして「悪いことが起きる」といった不安の認知の特徴である思い込みを形成し，はなちゃんの考え方の土台となっています。このような土台があるので，現在の維持要因，悪循環としては，不登校により日常で起こるさまざまな刺激，父親からの注意や登校刺激によって，「何も取り柄がない」「認めてもらえない」といった考えが活性化され，同時に悲しみ・落ち込み・怒りを感じ，自傷行為やひきこもりといった自分のうちにこもる問題が現れます。このような悪循環にはまってしまったままではうつは維持，あるいは強まってしまいます。

　もう一つ，「悪いことが起きる」という思い込みと関係する不安です。このような思い込みがあるので，教室や授業といった刺激により，「気持ち悪くなる」「迷惑をかける」といった考えが思い浮かび，不安や緊張といった感情や気持ち悪い，立ちくらみといった身体の変化を感じ，教室に行かないという回避行動をとるということが起きて，結果，一時的な安心感は得られるものの，一時しのぎでしかないので，不安感の解消はされず問題は維持されたままです。

　実際は，複合的な要因が絡まって問題が発展し，維持されているのだということが伝わると子どもを包括的に捉えられるようになります。加えて，何をどのように支援するといいのか整理されるので，協力を得られやすくなります。

　また，医療機関との連携やケースカンファレンスの場合でも，SC の頭の中が一目瞭然でわかり，共有できるので，共通理解を得られたり，支援方針を立てたり，同じ方向を向いて支援することができます。CF はとても役立つツールの一つだと思います。

V　認知の３つのレベル

　CF の種類を実例とともに紹介しましたが，CF を作るときには，思い込みと先入観，自動思考といった認知の３つのレベルを見つけられると作りやすくなります。この３つを区別するのが難しいかもしれませんが，思い込みは土台やフレームになっている考え，先入観は思い込みから生じる推論や自分のルールとなる考え，自動思考は日常的に思い浮かぶ考えです。認知の３つのレベルについては，図4-7 に示しました。

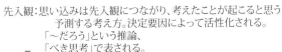

思い込み：一番深いところにあり、頑固で強い考え方。
　　　　　決めつけるような言い方。

先入観：思い込みは先入観につながり、考えたことが起こると思う
　　　　予測する考え方。決定要因によって活性化される。
　　　　「〜だろう」という推論、
　　　　「べき思考」で表される。

自動思考：何かが起こった時に、頭の中で次々と思いつき、
　　　　　意識しやすい考え。

図 4-7　認知の 3 つのレベル

　これら認知の 3 つのレベルは，会話の中で捉えられる場合もありますし，ときには，意図して聞く場合もあります。子どもがある出来事について話したときに，「それをどう思ったの？」「その時，どう思ったの？」とストレートに聞いたり，あるいは，「一番最近（昨日の夜など），○○の時のこと」を教えてもらうと，記憶が鮮明で具体的に話が聞けて，その経験の中でどのようなことを考えたのかも聞ける可能性が高いです。考えを表す言葉が出たときに，「他にも何か考えた？」と聞くと他の考えや自動思考につながる先入観や思い込みの部分も言葉にしてくれるかもしれません。

　思い込みを探るときには，「下向き矢印法」というのがあります。これは，「それってどういうこと？」と深掘りして聞く方法です。例えば，「父親にスマホ，やめなさいって注意された」と話したとしたら，「それってどういうこと？」と聞くと，「スマホばかりしているって思われている気がした」と答え，さらに「それってどういうこと？」と聞くと，「何も取り柄がないって思われている気がした」と答え，さらに聞くと「普通のこともできないって思われている」と答え，さらに「自分って本当にダメだなって思って」と答えるかもしれません。このように，自動思考を捉えて，深掘りすると，子どもの思い込みを把握できることがあります。子どもの自動思考を丁寧に聞いていくことによって，子どもの思い込みを捉えることができます。

▍VI　学校臨床に役立つケース・フォーミュレーション

　CF が作れると SC の相談活動がしやすくなります。子どもにとっては，動

機づけ，関係作り，自己理解に役立ちます。子どもが自分の問題を客観的に見られることで，問題と少し距離を置ける可能性があり，何かをしてみようという意欲につながることが多いです。また，SC が理解していることを可視化するので，SC への信頼感や安心感，受け止めてもらっている感覚を持ってもらえます。こうして，子どもと SC が手を組んで，問題に取り組み始めることができます。

　子どもと関係する大人とも協働作業する一助になります。保護者は，ときには，子どもの問題に自責感を持っていたり，学校への対応に不信感を持っていたりする場合がありますが，CF で示せば，問題が一つの要因から成り立っているわけではないことがわかり，自責感や他責感が薄まり，客観的，冷静に見られるようになります。「子どものことがよくわかりました」「わかりやすいです」といった感想を保護者から言われます。そして，子どもをサポートするためには，保護者がどのように関わると良いか話し合えます。SC の見解を率直に伝え，対応方法を提案できます。先生方にとっても多面的に子どもの問題を理解することができて，先生の立場でできるサポートに向けて動ける助けとなります。このように CF は，有効なコミュニケーションのツールとして，誰かを問題視せず，必要な支援を考えるためのツールとして役立ちます。

▊ VII　ケース・フォーミュレーションの応用

　この節では，アセスメントと問題解決に向けてどのように CF を用いるか，2 つの事例に沿って説明します。

1．数カ月前から登校しぶりが始まった小学 4 年生女子

　仮にさきちゃんと呼びます。現在の状況は，毎日のお昼前の登校と 2 カ月間で 5 日欠席しています。不登校になる可能性があり，防ぎたい状況です。最初に保護者から SC に相談があり，介入することになりました。保護者からは，事前に現在のさきちゃんの状況と，今までの経過を聞きました。面接時間は約 1 時間です。母親が一番困っているのは次の 2 点です。1 つは，特に登校前の朝に暴れるということです。もう 1 つが，あるゲームをすると興奮状態になり，暴れるということです。

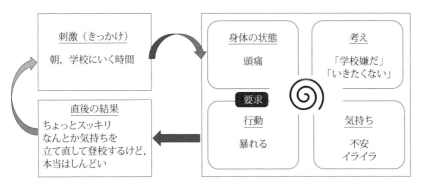

図4-8　さきちゃん：登校しぶりのCF

　さきちゃん本人の思いも聞きたいので，SCへの相談を促せるか聞いてみると，「ちょうど病院に行こうと話していたので，その代わりにSCに相談することを勧める」というちょうど良いタイミングでした。保護者が促し，さきちゃんは一人で相談に来ました。SCから，「どういうきっかけで来ようと思った？」と改めて本人の意思を確認すると，「病院より相談の方がいいかと思って来た」ということで，自らの意思が働いているように思ったので，動機づけの段階としては，「準備段階」くらいだろうと捉えて，さきちゃんの問題をしっかり聞いた上で，解決につながる道筋を立てることがさきちゃんの期待に応えることになるだろうと判断しました。

　さきちゃんは，決して言葉数は多くないですが，質問に対しては，自分なりに言葉で表現しようとする子どもでした。

　さきちゃんの来談動機とモチベーションを確認した後，「今はどんな状況なのかな？」と聞くと，「頭痛がある」と訴えました。これは，「身体の状態」です。そのままさきちゃんの話のペースに合わせ，「それで？」と短い質問を挟むだけにしました。「学校嫌だ，行きたくないと思う」と答え，さらに聞くと，「暴れる」，そして，「せめて途中からは行かないといけないと思って気持ちを立て直す」と一気に話をしました。その発言で，一旦，「大人でさえ，気持ち立て直すってすごく難しいことなのに，それをやっているさきちゃんは本当にすごいね」と褒めます。このように，子どものペースに合わせて話を聞いた後，一通り現在の状況が見えて来た時点で，「今まで聞いたことを整理してみるね」と伝え，CFをさきちゃんの目の前で，「こんな感じであっているかな？」と確認しながら作っていきます。そして，作ったCFが図4-8で

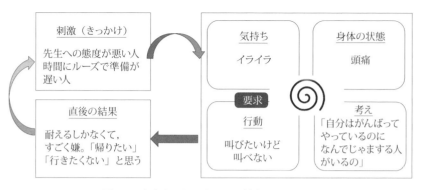

図 4-9　さきちゃん：クラスに対する思いの CF

す。

　さらに，このような悪循環になってしまう理由を聞くと，学校での不快な出来事について話してくれました。理由は，「先生への態度が悪い人たちがいる」「準備が遅い人がいて，早く帰りたいのに，その人のせいで帰りの会が遅くなるのが嫌だ」などということでした。SC がさきちゃんに初めて会ったのは冬だったのですが，春から夏にかけてずっと溜まってきたものがもう我慢しきれなくなっていたり，コロナ禍でのオンライン授業などの変則的な生活もさきちゃんにとっては不安要素になっていたようです。そのような背景を頭に入れつつ，学校での悪循環も CF で表し，さきちゃんと共有しました（図 4-9）。

　さきちゃんの話と 2 つの CF から，SC はさきちゃんの登校しぶりは，「学校関連の自分ではどうにもコントロールできないこと（不安定要素）からくる，不安とイライラ」と仮説を立てて，さきちゃんに確認すると「そうだと思う」ということだったので，「不安」と「イライラ」とどう付き合うか作戦を考えることにしました。ゲーム好きなさきちゃんだったので，「敵をやっつける時って，一方向から，攻撃を加えるより，四方八方から攻撃を加える方がやっつけられるんじゃない。だから，一つのやり方じゃなくて，いくつかのやり方を組み合わせて，不安とイライラの力を弱めるっていうことを考えてみようか」と伝え，図 4-10 を描きながら，作戦を考えました。「『先生に話して，わかってもらう』は，安心ポイント 1 ね。こうやって，安心ポイント貯めようか」と伝え，「安心ポイントゲットして，不安とイライラを落ち着か

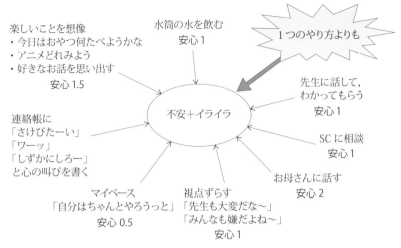

楽しいことを想像
・今日はおやつ何たべようかな
・アニメどれみよう
・好きなお話を思い出す
安心 1.5

水筒の水を飲む
安心 1

1つのやり方よりも

不安＋イライラ

先生に話して，
わかってもらう
安心 1

SC に相談
安心 1

連絡帳に
「さけびたーい」
「ワーッ」
「しずかにしろー」
と心の叫びを書く

お母さんに話す
安心 2

マイペース
「自分はちゃんとやろうっと」
安心 0.5

視点ずらす
「先生も大変だな〜」
「みんなも嫌だよね〜」
安心 1

図4-10　安心ポイントを貯めて，不安・イライラを落ち着かせよう作戦

せる作戦」を立てることにしました。他にも「SC に相談はできたから，これで安心ポイント1，ゲットだね」と伝え，さらに「お母さんに話す」は，母親が強力な味方だったので，「安心ポイントを2」にするなど，遊び心を持って話を進めます。そして，「暴れる」行動には「不快に感じている自分を分かってほしい」という「要求」の機能があると仮説を立てていたので，周りにわかってもらっている味方がいるという安心感は，「要求」の機能を望ましい行動で満たすのではないかとも思いました。そのほかに，「（イライラする対象から）視点をずらす」「マイペース」「心の叫びを書く」「楽しいことを想像」「水筒の水を飲む」など，さまざまな安心するための方法をさきちゃんがやったことがある方法も含めて一緒に考え，組み合わせてやってもらうことにしました。

　さきちゃんの許可を経て，2つの CF と作戦については，保護者と先生とも共有しました。暴れることに困っていたり，学校に行けなくなったらどうしようと不安になっていた保護者には，それらの行動の理由がはっきりして，先生からも「（大人にとっても子どもにとっても）とてもわかりやすい」と感想をいただき，さきちゃんをサポートするチームを作ることができました。初回面接だけでここまで介入するのは，早い展開かもしれませんが，動機づけがあれば，初回は一番勢いがあるので，その勢いを使って，具体的な方法

を示すことで，本人が今までとは違う方法を試してみるチャンスとなり，SCとの関係作りにも役立ちます。そして，このケースを継続していく上では，さきちゃんの最近の様子を聞きながら，作戦で取り上げた「リラクセーション」や「認知再構成法」の技法をもう少し丁寧に取り上げたり，その都度聞くさきちゃんからのエピソードに合わせて，CFを作って，他の認知行動療法の技法を取り入れたりできます。不登校の初期対応にも役立ちます。

2．暴言・暴力が目立つ小2男子の事例

暴言・暴力の背景には，さまざまな要因（家族要因・本人の特性や発達段階・これまでの経験から学習したこと）がお互いに影響し，発展し，現在の環境による刺激が暴力行為を維持していると考えられます。そのため，発展要因を把握するとともに，維持要因である現在の一つひとつの問題行動の機能分析（要求・注目・回避・感覚刺激のどれに当てはまるか）もできると，同じ機能を持つ望ましい代替行動（例えば，要求として「先生，教えてください」という，注目として「仲間に入れて」と言うなど）が見えてきて，代替行動を身につけるためのソーシャルスキルトレーニングが組み立てやすくなります。

保護者や先生，そして子どもから聞き取った情報をある程度得られた時点で，「成り立ち」「発展」「維持」が明確な「問題の全体像がわかるCF」を作成し，保護者や先生と共有し，問題が一つの原因で起こっているわけではないことを説明し，その上で，環境調整をしたり（刺激や結果の調整），保護者や先生の関わり方を見直したり，本人のスキルトレーニングに役立てます。

では，事例を通して以上のことを考えていきます。小学2年生のはるくんは，毎日のように友達や先生に「うるさい」「あっち行け」「死ね」などと暴言を吐き，ときには友達をつねったり，押したりします。授業中，外に出るように促しても出ないで，床に這いつくばってしまい，友達の足をつねったりします。ときには，自ら教室の外に出て，廊下の隅の隠れられる場所にいることもあります。先生が近づくと逃げます。このような状況があり，保護者も先生もSCに相談しに来ました。

保護者の話によると，幼稚園までは比較的いい子であまり手がかからなかったけれども，1年生の時に，母子分離不安による登校しぶりが見られたために，1年間は一緒に登校していました。また，友達関係では，自分の思い

が最優先になり，譲ったり，待ったりすることが苦手で，集団生活の中での規範意識がなく，幼い面があると感じていたとのことでした。また，怖がりでいろいろなことへの感受性は強いのだと思うと母親は話していました。勉強面の遅れはないものの，父親が厳しく，勉強以外でも細かくはるくんを怒り，はるくんはお父さんの言うことだったら聞く（怖いから）ということでした。父親は，自分も厳しく育てられたから，甘やかしても何もいいことはないと思っている人とのことでした。母親は，はるくんの妹のお世話もあり，心にゆとりがなく，つい口うるさく怒ってしまう。まるで，はるくんが自分に嫌がらせしていると思ってしまい，自分の怒りをコントロールできなくなることもあるとのことでした。2年生になり，担任の先生が変わってから，現在の状態が悪化していました。

　担任の先生は，まだ経験の浅い，優しい先生で，クラス全体の状態が落ち着かず，その中で，はるくんがクラスの中で暴れ，さらにクラスが落ち着かなくなり，とても困っていました。

　保護者と先生には，問題行動の全体像を表すCF（図4-11）と，ある一つの問題行動を取り上げた機能分析のCF（図4-12）を共有し，はるくんが理由もなく問題行動を起こしているわけではないことを理解してもらいました。全体像のCFからは，家庭の要因／父親のべき思考と自分の物差しではるくんを怒る，ゆとりのない母親がイライラをはるくんにぶつけてしまう，そして妹の存在がはるくんにとっては親を独り占めにできない寂しさと不安につながっている，を明らかにし，その家庭の要因とはるくんの素因／ゆっくり成長，まだ自己中心的なところが多い，環境の変化に不安定になるところや母親の話からデリケートな部分がある可能性，特に感受性が高くインプットが多いけれども，それをまだうまく処理できずアウトプットできていないといったことがお互いに影響し合い，発展し，小学校入学時に分離不安という形で表出したことが明らかになりました。ここで，母親が一緒に登校し，安全基地になれたことと，はるくんが1年間がんばってきて，小学校生活に慣れたことで学校には通えるようになっていました。しかし，進級し，担任が変わったり，クラスが落ち着かなくなったりした状況は，大きな不安定要素となり，はるくんの不安やイライラが増大する「発生要因」として働き，現在の悪循環を引き起こしています。そして，日々の生活の中で，「自分の思いが通らない」「つまらない，寂しい」「先生に怒られる」といったきっかけが

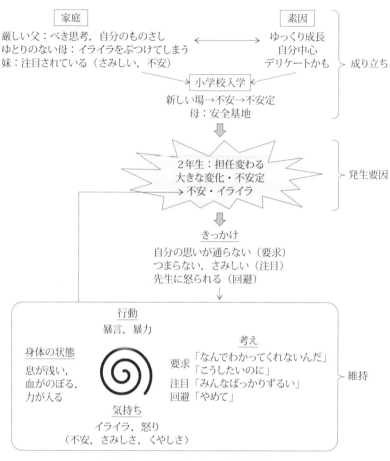

図4-11　問題行動の全体像を表す CF

あるので，その度に，「要求」「注目」「回避」の機能がある問題行動，それに伴う，偏った認知や身体の状態，気持ちが反応として現れていました。

　もしかしたら，衝動性の高さや発達の凸凹などの素因もあるかもしれませんが，だからといって病院で検査をし，診断，処方というまでには，生育歴を聞く中ではそこまで遅れがある，凸凹があるといった発達的要因がはっきりしなかったため，もう少し，学校や家庭でできることをし，環境調整をしてみてからの判断がいいのではと考えました。（SC をしていて，怒りの原因を発達障害にし，病院につなぎ処方してもらい，怒りの理由を受け止めなか

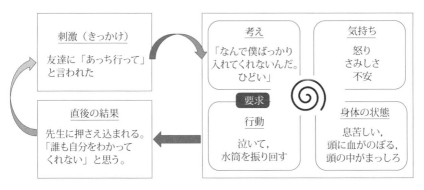

図4-12　はるくん：ある問題行動の CF

ったり，環境調整が疎かになったりすることがあるので，心理的支援もしながら発達的要因を見ていく必要があると思います。）

　一つの具体的エピソードを取り上げて，CF にもしました（図4-12）。友達の「あっち行って」発言に対して，はるくんの想定される反応（考え「なんで僕ばっかり入れてくれないんだ。ひどい」，気持ち「怒り，寂しさ，不安」，身体の状態「息苦しい，頭に血がのぼる，頭の中が真っ白」，行動「泣いて，水筒を振り回す」）を示し，その結果，「先生に抑え込まれて，さらに誰も自分のことをわかってもらえないという思いを強める」となっていることを示しました。この一連の刺激−反応−結果のつながりを見ると，問題行動には，要求の機能があることが分かり，結果として先生が取り押さえて暴力を止めようとしたけれどもそれはかえって，要求の機能（「誰も自分をわかってくれない」）を強めてしまっていたことを伝え，問題行動がエスカレートする可能性があるので，代わりに，「仲間に入れて欲しかったんだね」「寂しかったよね」などと声かけし，翻訳してあげること（言語化）が必要であることを伝えられます。

　このように CF を作ると，事実に基づいた説明となり，はるくんが怒りで何を表しているのか理解してもらい，先生の関わり方のコツを伝えることができます。そのほかの，はるくんの問題行動もどのような機能があったのか捉えて，その上で，「わかってもらえてないと思ったかな（要求）」「教えて欲しかったんだね（要求）」「はるくんもよくできているよ（注目）」「大きな声を出してごめんね（回避）」などと言葉で返すように対応することができま

す。

　このケースの場合，父親の思い込み，母親のゆとりのなさ，はるくんを支える周りの大人がはるくんの成長のペースをゆったり待ってあげる姿勢，はるくんが怒らず何かできた時や気持ちの切り替えができた時にそれを見過ごさずに注意を向ける関わり，はるくん自身がソーシャルスキルを身につける必要性など他にも支援方法はあります。CF を生かして，保護者や先生のはるくんへの理解，そしてどのように関わるかをコンサルテーションできますし，一つの具体的なエピソードに基づいて，声の掛け方などもアドバイスできます。周りの大人がはるくんのために動けるように CF に基づいて，SC がはるくんと周りの大人を敵にすることなく，それぞれができることといった視点で，はるくん，保護者，先生を繋ぐことができます。

介入に役立つエビデンス

▌I うつのエビデンス

　認知行動療法は，軽度から中程度のうつに効果があることが明らかになっていますので，子どもの生活の場である学校で適用できれば効果的です。欧米では，うつの介入プログラムや予防プログラムが開発され，効果が実証されているので，ここでは，いくつか紹介し，介入する時の手立てとして役立てればと思います。

　まず，予防プログラムとしては，Penn レジリエンス・プログラム（Jaycox et al., 1994），Coping with Stress Course /「ストレスとうまくつきあう」（Clarke et al., 1990），Resourceful Adolescent Program /「思春期を豊かに過ごすためのプログラム」（Shochet et al., 1997）と呼ばれているものがあります。英国で Resourceful Adolescent Program の実践を見たことがありますが，臨床心理士の専門職大学院で学ぶ大学院生が，中学生にプログラムを実施していました。第2章の「Ⅱ-4. うつの悪循環」で説明した，うつの維持に起因する否定的な認知，活動の低下，問題対処スキルの欠如に対して，それぞれ対処するための方法が盛り込まれていました。日本の子どもたちと同様，英国の若者も決して積極的に意見を発言する様子はなく，ファシリテーターの力量次第で効果も変わるだろうと思いました。効果研究では，ファシリテーターのスーパービジョンの必要性についても触れられていました。

　次に，介入プログラムに関しては，Coping with Depression /「うつに対処する」（Lewinsohn et al., 1990）がうつのプログラムとして定評があるものです。うつに対処するための道具箱作りのイメージです。つまり，マイナスの考えを良い気持ちになる考えに置き換える認知再構成法，いい気分になる出来事（活動スケジュール）を増やす行動活性化，問題解決法，葛藤解

決スキルなどの対処方法が身に付くようにプログラム化されていて，それらの対処方法は，心のお道具箱として，必要なときにはすぐに習った道具を取り出して，使えるようにすることを目指しています。Beck, A. T.（1976）の12 ～ 16 セッションのプログラムもあります。それには，感情認識，セルフモニタリング，自己強化，活動スケジュール，マイナスの考え方を見直す，認知再構成法，対人関係問題解決スキル，コミュニケーションスキルが含まれています。以上を踏まえて，介入の要素としては，行動活性化（忙しくする），考えを見直す，問題解決スキルやソーシャルスキルが効果的であることが実証されています。

■ II　うつの介入要素

　せっかくすでにうつのための効果的な介入が実証されているので，目の前の子どもに使わない手はないと思います。だからといって，こうすれば必ずうまくいくとか，こうしなければいけない，というのものではなく，その子にとって必要かつ，役に立つものをその子に合った形で導入します。それは研究の域を超えて，SC の腕の見せ所なのだと思います。

　介入の全体像として，図 5-1 にも示しました。心理教育と強化は，サンドイッチで言えばパンの部分で，真ん中の介入方法の部分が具です。具を生かすには，心理教育と強化が全ての過程において必要不可欠です。そう考えると，SC は傾聴ばかりしているのではなくて，子どもの話を聞いた上で説明します。説明するといっても，なるべく「これで間違っていない？」「こんな感じで納得できる？」「こういうのやってみたい？」などと子どもとやりとりしながら，足並みを揃えます。

　心理教育の部分は，「うつのよくある症状の説明」と「うつの悪循環の説明」と「認知行動療法の説明」が含まれます。これは，第 2 章の「II - 4．うつの悪循環」を頭に入れておいて，「否定的な考えになるのと，活動しなくなるのと，解決スキルが鈍ってしまうという 3 つが，元気がない気分に影響し合っているということがわかっているんだよね」と図に書きながら説明してもいいですし，用意してある図を見せながら説明しても良いでしょう。この段階で，「必ず説明しないといけないのですか？」と疑問が出てくるかもしれませんが，認知行動療法的なアプローチをするなら，心理教育，説明は必要

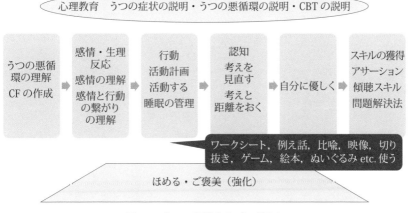

図 5-1　うつの標準介入プログラム

です。説明の仕方は子どもの年齢や理解度に応じて変えます。小学校低学年くらいの子どもだったら、「自分のこと，あ〜もうダメだと思うことある？」「やる気が出なくて，ずっとゴロゴロしていたい感じ？」「どうしたらいいかわからないって感じある？」などと噛み砕いて聞きながら，あるならそういうふうになるのが「心が疲れて休みたい〜という状態なんだよね」と説明すると思います。あるいは，「めんどくさいは SOS」（『あんしんゲット！　絵本シリーズ』［ほるぷ出版，2021c]）という，うつの小学生が登場する絵本などを使って「自分にも重なるかな」などと聞く方法もあります。

　介入部分では，「感情」「認知」「行動」への介入，そして「マインドフルネス」や問題解決スキルや対人関係スキルなどの「スキルの獲得」といった方法があります。子どもの状況を適宜 CF で表し，自己理解した上で対処方法を取り入れます。感情への介入は子どもがあまり抵抗なく，SC も取り入れやすい方法です。留意すべきは，不安にはリラクセーションが効果的ですが，うつの主な感情は悲しみや落ち込みなので，それ自体にはリラクセーションが効くわけではないことがわかっています。むしろ，うつには，気持ちをモニタリングし，どういう時には少し気分がましか知ることが効果的と言われています。そして，気持ちと行動のつながりを知って，動いてみることが役に立つと言われています。つまり，行動活性化がうつには効果的です。

　認知面では，否定的な認知に介入し，さまざまな捉え方，とらわれないで

先に進むための考え方について探っていきます。認知再構成法の考えを基に
アレンジして，認知変容を試みます。また，うつに特徴的な反芻思考（ぐる
ぐると同じ考えを繰り返し考え，ますます否定的になったり，考えがより強
くなってしまう）には，マインドフルネスが効果的です。特に思考優位な子
どもは，頭が働き過ぎて，反芻思考が強くなりがちなので，マインドフルネ
スで忙しい頭の中を休ませられるかもしれません。マインドフルネスは，考
えと距離をとり，巻き込まれないようにする，考えとの関係性を変えるため
の方法です。考えを浮かんでも受け流す練習をします。大人では，「マインド
フルネスストレス低減法」というのがありますが，子どもには，例えば，小
さなびんに水を入れてキラキラする粉やスパンコールを入れて，スノードー
ムのようなものを作って，その瓶をふって，キラキラするものが落ちて，落
ち着くのをしばらくじっと見つめる方法があります。また，ぬいぐるみをお
腹の上に置いて，腹式呼吸し，上下に動くぬいぐるみに注意を向ける方法も
あります。保健室でジグソーパズルに集中している生徒を見て，「一種のマイ
ンドフルネス的」と思ったことがあります。このような工夫で「今ここ」に
集中し，考えに巻き込まれないようにします。また，うつの子どもは考え方
としては完璧主義なところがあり，自分にかける心の中の声が厳しいので，
「自分に優しい声をかける」方法を紹介したりもします。認知面への介入に関
しては，「第7章　うまくいかない認知に効く介入」に詳しく説明していま
す。

　スキルの獲得としては，「うまく断る」「お願いする」「助けを求める」など
言いにくいことを言う練習をします。問題解決スキルでは，さまざまな解決
案を出して一つひとつのメリットデメリットを考え比べてみて，一番良さそ
うなものを選び実行する方法を学びます。0か100かの思考や完璧主義な子
どもには，完璧な解決法はなく，みんなどこかで妥協することを知る機会に
もなります。スキルの獲得では子どもにとって，生活しやすくなるために役
立つスキルを練習する部分です。

　行動活性化，認知への介入，スキルの獲得に関しては，子どもの必要性に
応じたり，子どもが飽きないように組み合わせることもあります。今週は，
認知をやったら次回はスキル練習にするとか，認知に関することを一つやっ
たらもう一つはスキル練習にするというような飽きないための工夫です。

　そして，このような介入は，ワークシートやワークにちなんだおもちゃや

小道具を用意して，子どものモチベーションを維持しながら取り組んでいきます。SC 自身が，子どものわずかなできている部分，できるようになった部分を見逃さず，一緒に喜び声をかけていきます。子どもの「自分はダメな人間だ」「誰も認めてくれない」といったうつの特徴的な考えに対して必要な言葉かけなのだと思います。

Ⅲ　不安のエビデンス

　認知行動療法は，さまざまな不安障害にも効果が実証されています。まずは，予防プログラムとしては, FRIENDS for Life /「不安と友だち」（Barrett, 2010）が有名で，WHO からも推奨されています。これは，心理の専門家でなくても，養護の先生など教員が実施できるものです。年齢に応じて，それぞれプログラムが用意され，4 歳から大人用まであります。FRIENDS for Life は 9 〜 10 歳の子どもたち向けのプログラムで，FRIENDS の頭文字を取って不安をマネジメントするスキルを身につけていきます。約 10 セッションあり，1 クラス 30 人ほどで実施します。私が英国の小学校でプログラムを見学したときには，子どもたちは床に座り，先生を囲んでワイワイと楽しそうな雰囲気で行われていました。なお，FRIENDS は，以下の頭文字です。

　　F：気持ち（feeling）／気持ちとボディシグナル，気持ちと考えのつながりに気づく
　　R：リラックス（relax）／筋弛緩法を取り入れたリラクセーションのエクササイズ。マインドフルネスも含む
　　I：セルフトーク (inner thoughts [self-talk])，うまくいく考え（helpful thought)・うまくいかない考え（unhelpful thought)：セルフトーク，うまくいかない考えに気づいて，うまくいく考えにする
　　E：計画を練る（explore plans）／友達など身の回りの人からサポートを得られることに気づく。身の回りの人がどのように対処しているか考える
　　N：いい仕事をしたのだから自分にごほうび（nice work so reward yourself）／自分のことを褒める

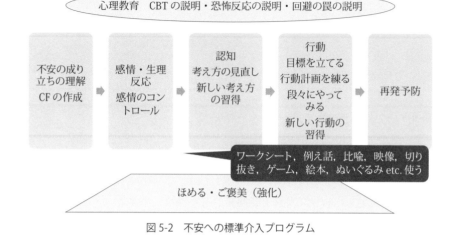

図 5-2　不安への標準介入プログラム

D：練習を忘れずに（don't forget to practice）／練習をするのを忘れないように

S：ゆったりすごそう（stay clam）／落ち着く

　次に介入プログラムに関しては，Coping Cat プログラム（Kendall, 1990）に基づいて開発されています。Coping Cat プログラムは，16 セッションあり，前半 8 回は，心理教育とスキルの獲得を目指し，後半 8 回がエクスポージャーの練習です。心理教育，感情の気づき，感情のマネジメント，認知再構成法，不安階層表の作成，エクスポージャーが含まれます。効果研究の大規模な展望研究においては，88％がエクスポージャー，62％が認知的テクニック，54％がリラクセーションの練習をし，効果を得たことがわかりました（Higa-McMillian et al, 2016）。

IV　不安の介入要素

　不安に関しても，すでにどう介入すると効果的なのかよくわかっているので，それらの方法を使う価値があります。不安のための認知行動療法は，図5-2 に示した通りで，うつの場合と同じように，サンドイッチに例えるなら心理教育と強化がパンの部分になり，介入部分が具の旨味を引き出します。

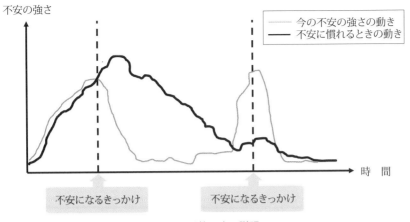

図 5-3　恐怖反応の説明

　心理教育の部分では，認知行動療法の説明に加えて，不安が維持されている理由として「回避の罠」に関する説明や，エクスポージャーの効果を説明する「恐怖反応の説明」があります。「回避の罠」は，第2章「Ⅱ-1. 不安の悪循環」で説明した通り，「困難な出来事」に対して，「うまくできない」「間違ったらどうしよう」「失敗する」など「脅威」として知覚し，不安や恐怖を感じるので，その不快感を回避します。回避することで，その場では一瞬気持ちが落ち着きますが，実際不安になるそのものへの対処はされていないので，似たような困難な出来事に対して，同じパターンを繰り返してしまいます。このパターンを子どもに説明するときには，「給食の時間」「教室に入ろうとすると」「国語の発表の時」など子どもが今,回避していることを例に挙げて説明するとわかりやすいです。

　不安に関するもう一つの説明は，「恐怖反応の説明（図 5-3）」です。エクスポージャーを行う際に説明します。不安への対処法として，不安には恐怖を感じる状況に居続けることで徐々に下がる特徴があるということを説明します。海に入ったその瞬間は,「冷たい」あるいは「波が怖い」と思うかもしれないけど，冷たさにも，波の怖さにも徐々に慣れて，むしろ「気持ちいい」や「楽しい」になったことがないかなど，子どもの実体験と合わせて話すとわかりやすいと思います。「これから,少しずつ不安に慣れる方法を練習しようと思うけどやってみる？」「実際はそんなに怖いものではない,安心しても

大丈夫なんだということを実験してみようと思うのだけどやってみる？」と子どもの思いを聞いてみます。

　不安の心理教育をする際に，大切なポイントは，「不安は生理現象のようなもので，自然にある気持ちで，誰にでも，どこにでもある気持ちであること」を伝えて，「不安は我慢するようなものでも，抑える必要があるものでもないこと」をしっかり伝えます。不安そのものが敵とか悪者なわけではなく大切な感情の一つであることを理解してもらいます。そして，不安が強すぎて不安にコントロールされてやりたいことや，やらないといけないことができなくなるのではなく，不安とうまく付き合うための方法（不安を抱えながらもやりたいこと，やらないといけないことができるようになる方法）はたくさんあるから，少しずつ練習しようというスタンスです。そもそも不安についてどうにかしようと考え始めているところからして，不安とうまく付き合う一歩が始まっていることを伝えます。

　今説明したように，「不安の罠」や「恐怖反応の説明」をして，子どもにも不安の特徴を理解してもらいながら，不安に介入していきます。介入方法としては，うつの時と同様，感情の部分が始めやすいです。自分の不安の強さをモニタリングしたり，身体に出る不安反応を知ったり，さまざまなリラクセーション法を練習したりします。

　そして，認知への介入の仕方は，不安な子どもにありがちな認知の特徴である「恐れ」「無力感」「無能感」に関する考えが話されると思うので，そのような考えを取り上げて，考えのレパートリーを増やす練習をします。心配タイムや不安タイムというのを作って，その時だけ心配するという方法もありますし，不安になった時に考えるのを先延ばしにする方法もあります。

　イメージを使った方法もあります。例えば，不安になる場面として，「みんなの前で発表する時に頭がまっ白になって失敗して笑われたらどうしよう」という思いをイメージしてもらい，そこにお助けマンのようなヒーローがきて，子どもを助けてくれるとしたらどんなふうに助けてくれるか聞きます。子どもが，「お助けマンが一番前で応援して，うまく話せるパワーを送ってくれて成功する」と言ったらその場面を想像してもらいます。このように，普段考えてしまうバッドエンディングから，ハッピーエンディングになるよう想像してもらうことで不安をコントロールする方法もあります。

　行動への介入は，エクスポージャーがメインになり，「恐怖反応の説明」を

しながら，徐々に不安に向き合うための行動を起こしていきます。不安にな
ってもその場に居続ける方法もありますし，系統的脱感作のように不安にな
ったら拮抗する反応，つまりリラクセーションを取り入れて，少しずつ不安
に慣れていく方法もあります。

　一通り不安とうまく付き合えるようになり，問題が改善してきたら再発防
止段階として，子どもが身につけた対処レパートリーを再確認し，子どもが
気がついたこと，やりやすかったこと，難しかったことを聞きます。そして，
これからも不安になるときはあるかもしれないけど，身につけた方法を思い
出して試してみることをお勧めし，また一緒に考えることもできることも伝
えます。

文　　献

Barrett, P. M. (2010) Friends for Life: Activity Book for Children. Brisbane: Pathways Health and Research Centre.

Beck, A. T. (1976) Cognitive Therapy and the Emotional Disorders. New York: International Universities Press.

Clarke, G., Lewinsohn, P. & Hops, H. (1990) Adolescent Coping with Depression Course. https://research.kpchr.org/Research/Research-Areas/Mental-Health/Youth-Depression-Programs.

Higa-McMillan, C. K., Francis, S. E., Rith-Najardian, L. & Chorpita, B. F. (2016) Evidence base update: 50 years of research on treatment for child and adolescent anxiety. Journal of Clinical Child & Adolesent Psychology, 45 (2); 91-113.

Jaycox, L. H., Reivince, K. J. & Seligman, M. E. (1994) Prevention of depressive symptoms in school children. Behaviour Research and Therapy, 32(8); 801-816.

Kendall, P. C. (1990) Coping Cat Manual. Ardmore, PA: Workbook Publishing.

Lewinsohn, P. M., Clarke, G. H., Hops, H. & Andrews, J. (1990) Cognitive-behavioral group treatment of depression in adolescents. Behaviour Therapy, 21(4); 385-401.

Shochet, I. M., Whitefield, K. & Holland, D. (1997) Resourceful Adolescent Program: Participant Workbook. Brisbane: Queensland University.

東京大学下山晴彦研究室子どものための認知行動療法プロジェクト（2020）あんしんゲット！の絵本―こわいみち　まわりみち．ほるぷ出版．

東京大学下山晴彦研究室子どものための認知行動療法プロジェクト（2021a）あんしんゲット！の絵本―ふあんくんのきもち．ほるぷ出版．

東京大学下山晴彦研究室子どものための認知行動療法プロジェクト（2021b）あんしんゲット！の絵本―おかあさんにおはなししたいこと．ほるぷ出版．

東京大学下山晴彦研究室子どものための認知行動療法プロジェクト（2021c）あんしんゲット！の絵本―"めんどくさい"は SOS．ほるぷ出版．

東京大学下山晴彦研究室子どものための認知行動療法プロジェクト（2021d）あんしんゲット！の絵本―ダメダメだー．ほるぷ出版．

第6章

感情に働きかける

Ｉ　不安への心理教育

　不安への心理教育の目的は，子どもにとって「不安」という漠然としたものについての理解を深めることですが，「不安に巻き込まれないで客観視するための一歩」となり，不安は誰にでも当然ある気持ちということを知る「ノーマライゼーション」であり，そして「うまく付き合う方法がいろいろあることを知って，希望を持つ」ことにもつながります。「不安は誰にでもある，自然な気持ちで，不安は我慢するようなものでも，抑えるものでもないこと」を伝え，その上で，「不安が強くなりすぎると困ること，不便なことないかな」と問いかけながら，「不安があってもやりたいことや，やらないといけないことができるようになるための方法はたくさんあるよ」ということを伝えます。ときには，「今は不安が強すぎて，不安にコントロールされているけど，不安を自分がコントロールできるようになる方法もあるからね」と伝えたりもします。そして，子どもが自分自身に可能性を見出すために，「そもそもこうやって不安について考え始めていることこそ，不安とうまく付き合う一歩を踏み出している」と伝えます。この言葉で，不安な子どもがもうすでに自分はできているのだ，という微かな安心感をもつかもしれません。認知行動療法では，このような心理教育をし，子どもたちが自分事として主体的に問題について考え，チャレンジしていけるように，手助けをしていきます。

ＩＩ　感情に介入する方法

1．いろいろな感情に気づく

　普段，気持ちは感じるままに流れていきます。子どもたちはさまざまな気

持ちを感じ取っていますが，その気持ちがどういう気持ちかまではほぼ自覚することなく毎日を過ごしています。でも，ある気持ちが強くなりすぎて，苦しくなった時には，気持ちが暴走し，巻き込まれないようにする術を身につけたいと思うかもしれません。そのためには，自分がどういう気持ちを感じているのか，そして，さまざまな気持ちに気づくことが始まりです。でも，「今，どんな気持ち？」「あの時，どんな感じだったか？」と聞かれても，子どもの感情は未分化であり，言葉で言い表せるほどの言葉も持ち合わせていないので「悲しみ」「落ち込み」「怒り」「寂しさ」「うらやましさ」「やきもち」「不安」「緊張」など，言葉で表すのは案外難しいです。そこで，表情ポスターを使うなど，いろいろな気持ちが表情の絵で表されている資料を使って一番ピッタリ合う表情を選んでもらい（2つでも何個でも大丈夫です），選んだ理由を聞きます。さまざまな認知行動療法のワークブックでは，気持ちに関する説明や，気づくためのワークシートが用意されているのでそれらを用います（松丸, 2019a）。その子の気持ちに合う絵本を読んで気持ちの理解を深めてもいいかもしれません。

2.「不安注意報を出そう」

感情（子どもには「気持ち」という言葉を使います）に介入する方法もさまざまな工夫があります。例えば，幼少期の不安な子どもには，「不安注意報を出そう」というワークを通して，不安になる必要がある場合とない場合を区別してみます。「ヘビ」「りんご」「包丁」「たのしくブランコで遊ぶ」「自分の部屋」など物，場所，状況を1つずつあげて，不安注意報を出す方がいいもの，出さなくてもいいものを聞きます。インターネットからのイラストをいくつか使ってワークシートにし，○をつけてもらってもいいかもしれません。そして，「今は，何が不安なんだっけ？」と本人が不安になるものを取り上げ，話を続けます。例えば，「授業中，先生に当てられるのが不安になるんだね。りさちゃんは，『先生に当てられる』は不安注意報が発令されるんだね。クラスのゆなちゃんもりさちゃんと同じように不安注意報が出るのかな」と聞いてみると，同じものに対して不安になる人，ならない人がいることに気づくかもしれません。「りさちゃんの場合，『先生に当てられる』と思うと強く不安注意報が発令されているようだから，これからほどよく注意報が出るように一緒に取り組んでみようか」などと言って，気持ちへの介入を

始めてみてもいいかもしれません。

　さらに，不安について理解を深めるために，不安について書かれている絵本を読む手もあります。『あんしんゲット！の絵本シリーズ』（ほるぷ出版，2020, 2021）は 5 冊ありますが，そのうちの 4 冊は，不安に関する絵本です。『こわいみち　まわりみち』（怖くていつもはまわりみちをしていた通りを友達と一緒にまわりみちなしで通れるようになる話），『ふあんくんのきもち』（心配で大きくなり過ぎた自分の不安な気持ち「ふあんくん」とうまくつきあう話），『おかあさんにおはなししたいこと』（お母さんに言いづらかったことを話してみたらお母さんが受け止めてくれて安心する話），『ダメダメだー』（いつも自分のことを「ダメだ」と思っていた男の子がひょんなことから案外ダメではない自分に気付く話）の 4 冊です。また，『でっかいでっかいモヤモヤ袋』（次から次へと不安になるたびに背中に背負うリュックが大きくなりますが，中身をよく見て仕分けをして，身軽なリュックにすることができるようになる話［そうえん社，2005]）は，不安の予防プログラムでもある FRIENDS でも使われています。このような絵本から，自分の不安についても会話が広がる可能性があります。絵本を家で保護者に読んでもらい，親子で不安について考えるきっかけにしてもらってもいいかもしれません。

3．ドキドキメーター（気持ちの温度計）

　ドキドキメーター（松丸，2019a）（「気持ちの温度計」と呼んだりもします）は不安など，気持ちの強さを温度計に例えて測るために使うものです。0 がまったく不安ではない，50 がまあまあ不安，100 がたえられないくらいの不安を示します。不安と一言で言っても，弱い不安から強い不安まで不安には強さがあることを知る一助になります。それぞれの数値で何が不安なのか聞くこともできますし，どのくらいなら不安になっても大丈夫でどれくらいだと回避行動をとるのかもわかります。「不安の強さを測るメーターがあるとしたら，今の不安はどれくらい？」などと聞いて，不安の強さを教えてもらいます。子どもは，折に触れて，数値化することで，子どもと SC，あるいは保護者や先生など子どもと関わる大人が子どもの不安の強さを理解できます。認知行動療法のさまざまなワークブックにもありますが，イラストを使ってドキドキメーター，気持ちの温度計（図 6-1）を作って，手元においていつでも使えるようにあげてもいいと思います。

4．不安を絵に描く（外在化）

　「りさちゃんの不安な気持ちを，絵に表してみてくれる？　色だけでも模様でもどのような絵でもいいので，自分の不安がなんとなくこんな感じだなとイメージできるかな？　上手下手は全く関係ないから気にしないで自由に描いてみてね」と伝え，不安を絵に表してもらうと，さまざまなことを共有することができます（図6-2）。自由に絵を描くのを躊躇する子どもには，人型の枠やハートの枠を描いて，「自分の気持ち」を自由に好きな色で塗ってもらうこともできます（図6-3）。

　絵を描いたり，色を塗ってもらった後に，改めて「どの色がどんな気持ちとか何か意味があるかな？」と聞いてみたり，絵の場合なら「もし名前を付けるとしたら，なんていう名前にする？」と聞いたりして，自分の不安を擬人化し，自分と切り離して，客観視します。そこから日常の不安になる具体的なエピソードが語られ

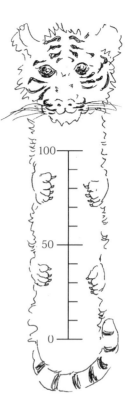

図6-1　ドキドキメーター

たり，不安だけではなくて怒りや悲しみなど他の感情が混じっていることがわかったり，不安というものから何か物語のような話が発展する場合もあります。子どもの豊かな創造力の世界を大切にしながら，共有し，受け止めます。逆に安心している時の気持ちを絵にしたり，色を塗ってみたりして，不安な時と比べて何か違いに気づいたり，安心感を取り戻せるようになることを話したりしてもいいと思います。一枚の絵を元に，不安を自分の心の外に取り出してみて（外在化）不安について話をし，理解を深め，SCに受け止めてもらう時間になります。名前がつけば，ドキドキメーター同様，「もやもやくん（子どもが不安につけた名前）は，今結構大きくなっているかな？　お～い，大人しくしていて大丈夫だよ」とSCが声をかけたり，保護者や先生も声をかけたりして，みんなで「不安」にやさしく接しながら，うまく付き合う方向へ向かうことができます。

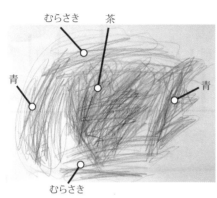

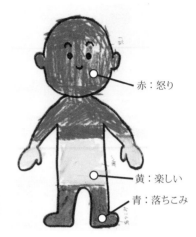

図 6-2　不安を絵で表す（外在化）　　図 6-3　白抜きの人形に色を塗ってもらう

5．気持ちと身体の状態のつながりに気づく

　認知行動療法では，ある介入方法がどうして効果的なのか理由を説明する心理教育を丁寧にします。例えば説明を始める前に，不安なとき，身体がどのような状態になるか尋ねます。ワークシートに自分が当てはまる身体の変化に○をつけてもらってもいいでしょう（図 6-4）。ワークシートに書いてあるもの以外にもあれば書き足してもらいます。身体の状態と気持ちがお互いに影響し合っているから，身体をリラックスさせ，力を抜くと気持ちも落ち着くことを説明します。

　例えば，図 6-5 を使いながら「不安なとき，身体がドキドキしたり気持ち悪くなったり喉が詰まったりするんだね。身体の状態と気持ちというのはつながっているんだ。だから，身体の変化を感じると，さらに不安になって，不安が強まるとさらに身体の変化も強まって，というふうにお互い影響し合っているの。だから，身体の状態をあえて，ゆっくり呼吸したり，力を抜いたりして，リラックスさせると気持ちはどうなると思う？　不安は……どうなるかな？」と説明します。そして，子どもが「不安は減る」と答えたら，「そうだね。身体をリラックスさせると，気持ちも変わるかもしれないね。じゃあ，試してみようか。いろいろな方法があるけど，まずはゆっくり呼吸する方法を練習してみよう」と伝え，呼吸法の練習をします。

不安になるとどんな身体の変化があるかな？
当てはまるものに○をつけてね。

頭がふわーっとする

顔が赤くなる / 熱くなる　　　　　　　　　　頭が痛くなる

口が渇く　　　　　　　　　　　　　　目がかすむ

のどがつまる　　　　　　　　　　　　声がふるえる

お腹が痛くなる　　　　　　　　　心臓がドキドキする

手のひらに汗をかく　　　　　　　　息苦しくなる

足がふらふらする　　　　　　　トイレが近くなる

気持ち悪くなる

図 6-4　気持ちと身体の状態のつながり

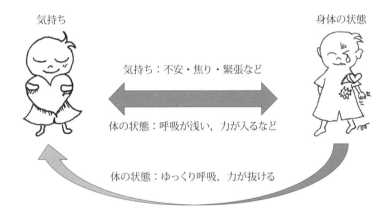

気持ち　　　　　　　　　　　　　　　　身体の状態

気持ち：不安・焦り・緊張など

体の状態：呼吸が浅い，力が入るなど

体の状態：ゆっくり呼吸，力が抜ける

気持ち：落ち着く，安心

図 6-5　気持ちと身体の状態のつながりを説明するイラスト

6．気持ちい〜い場所

　さまざまなリラクセーション法がありますが，子どもが好きな「気持ちい〜い場所」を紹介します。子どもに，「気持ちい〜い場所をイメージしてリラックスできる方法を練習してみよう。○○ちゃんにとって気持ちい〜い場所，どこかな。実際にある場所でもいいし，○○ちゃんが想像して作った場所で

もいいよ」と伝え，どういう場所をイメージするか決めてもらいます。そして，「決まったかな？　これからその場所を想像してね。心の中で，その場所に行きたいと思います。私がする質問には心の中で答えてね。声に出さなくて大丈夫。じゃあ，練習してみよう」と全体の流れを伝えます。「いすには，深く座って，後ろにはよりかからないで，背中をまっすぐにしてね。頭の上からひもでひっぱられている感じ。背中をそったり，猫背にならないように」と姿勢について伝えて，安定した姿勢ができているか見ます。リラックスはしていても適度にまっすぐ姿勢を保っている状態です。以下に，教示内容を示します。ゆっくり伝えてください。

1）では，目を閉じて……。開いたままがよければ，一点を見るようにしてもいいです。ゆっくり呼吸をしてください。これから，気持ちい〜い場所に行ってください。だんだん，その場所のイメージがはっきりしてきます。

2）気持ちい〜い場所に着きましたか？　これから質問をするけど，心の中で答えて，声に出さなくて大丈夫です。

3）何が見えますか？　周りを見渡してみてください。（1分くらい間を置く）

4）何が聞こえますか？　耳に注意を向けてどんな音が聞こえるか聞いてみてください。（1分くらいの間）

5）何か匂いがしますか？　鼻に意識を向けて匂いを嗅いでみてください。（1分くらいの間）

6）どんな肌の感じがしますか？　顔の表面や洋服から出ている肌の表面に何か感じますか？（1分くらいの間）

7）そのまま，数分間その場でのんびり過ごしてください。（数分間の間）

8）では，帰る時間です。今いる場所がだんだんぼやけてきて，さっきいた場所に戻ってきます。

9）相談室に戻ってきたなと思ったらゆっくり目を開けてください。（子どもは目を開ける）

10）頭がぼーっとするかもしれないから，首を回したり，伸ばしたりして少しリフレッシュしよう。

　これが,「気持ちい〜い場所」のやり方です。終わった後に,やってみてどうだったか感想を聞いてください。そして,気持ちい〜い場所ならいつでも好きな時に想像して,その場所に行ってリラックスできるので,不安になったらやってみることを勧めます。寝る前の寝つきが良くなる方法としてもお勧めです。

　「気持ちい〜い場所」だけではなくて,呼吸法や筋弛緩法などさまざまな気持ちを落ち着ける方法も子どもと一緒に練習します。簡単なストレッチの仕方や猫背のような姿勢が悪い子どもには,姿勢についても伝えます。「肩甲骨を開くことで,肺にたくさんの空気が入り,呼吸が深く,ゆっくりになるから,それが不安を和らげるのに有効である」ことや「日本人の骨格はもともと肩が内側に入りやすいから,肩を下ろし,後ろに向けて,胸を開くことを意識する」といった簡単な豆知識も子どもによっては興味をもつかもしれません。これらの方法を子どもがどれだけするかはそれぞれですが,「不安になるときには,『気持ちい〜い場所』をしたら?」と思い出させます。

■ Ⅲ　神経が疲れやすい子ども

　さまざまな感覚過敏がある子どもだけではなくて,いろいろと気を使い,うまく自分を出せず(アサーションのスキルを身につけられるといいのですが),家以外や学校の場面でいい子でいるため,神経を使い果たし,疲れやすい子どもによく出会います。不安が強い子どもの一つの可能性として,このような特徴が影響している場合がある気がします(臨床的感覚です)。そのような子どもたちには,賢く休む方法(例えば,年間30日から「不登校」になるので,月2日くらいまでは休む「計画停電」ならぬ「計画欠席」を提案します)や人よりたっぷり眠るのを勧めたり,神経を休める方法を一緒に考えたりします。自分が人より神経を使って疲れやすいというのは,子ども自身も保護者も先生もわかっていないので,単なる怠けと見られてしまう可能性があります(むしろ頑張り屋の場合もあります)。SCがそれに気づいて伝えることは役立つのではないかと思います。マインドフルネスを気に入るようだったら,このような子どもたちには向いているかもしれません。

IV　感情に介入する方法のまとめ

　「不安注意報を出そう」「絵に描こう」「ドキドキメーター」「不安な時の身体の変化」「気持ちい～い場所」などを紹介しました。そのほかに，不安に関する心理教育や，身体の状態と気持ちのつながりなどについても触れました。認知行動療法は，子どもの日常のエピソードを聞きながら，不安に困っているなら，その不安を取り上げて，心理教育しながら，不安とうまく付き合う方法を身につけられるように実際にワークをしたり，練習したりします。そして，ここに紹介したものを全て行わなければいけないというものではなく，気持ちを落ち着けたり休ませるためにはいろいろな方法があって，どれが自分に合うのか，どれを使うかは，子ども次第です。また，年齢や発達段階に応じて，言葉の使い方，ワークシートの漢字にルビをふる，答えやすいようにオープン・クエスチョンではなく，クローズド・クエスチョンにするなど，臨機応変に改良してください。

　　文　　　　献

Ironside, V. (1996) The Huge Bag of Worries. Wayland Pub. (左近リベカ訳（2005）でっかいでっかいモヤモヤ袋．そうえん社，)
松丸未来監修（2019a）子ども認知行動療法―不安・しんぱいにさよならしよう．ナツメ社．
松丸未来監修（2019b）子ども認知行動療法―怒り・イライラを自分でコントロールする．ナツメ社．
東京大学下山晴彦研究室子どものための認知行動療法プロジェクト（2020）あんしんゲット！の絵本―こわいみち　まわりみち．ほるぷ出版．
東京大学下山晴彦研究室子どものための認知行動療法プロジェクト（2021a）あんしんゲット！の絵本―ふあんくんのきもち．ほるぷ出版．
東京大学下山晴彦研究室子どものための認知行動療法プロジェクト（2021b）あんしんゲット！の絵本―おかあさんにおはなししたいこと．ほるぷ出版．
東京大学下山晴彦研究室子どものための認知行動療法プロジェクト（2021c）あんしんゲット！の絵本―ダメダメだー．ほるぷ出版．

うまくいかない認知に効く介入

Ｉ　「考え」に親しむ工夫

　うつでも不安でも心理的問題には，うまくいかない認知が影響しています。子どもたちにとって考えは，事実であり，意識するものではなく，自分が思いつく以外の考えがあるとは思ってもいません。大人のための認知行動療法のように，思考記録表を書いたり，その考えの証拠や反証を考えたりするのは難しいです。子どもには，もっと単純にわかりやすく，まずは「考え」そのものに気づけるための工夫が必要です。

　そもそも「考えって何？」というところから始めます。その時に役立つのが，漫画の吹き出しです。吹き出しなら頭の中で思っていることをイメージしやすいです。例えば，「考えを見つける」ワークシート（図7-1）を使って，それぞれがどのようなことを考えているか，書いてもらいます。子どもに，「この絵の人たちがそれぞれどんなことを考えているか，この吹き出しに書いてくれる？」と，伝えます。もし，なかなか書き出せない子どもがいたら，どのようなシーンなのか説明してもらいながら，自分がその子だったらという視点で考えてもらうと何か思い浮かぶかもしれません。

　また，SCが一つだけヒントを言って，あとは子どもに考えてもらうようにすると要領を得るかもしれません。あるいは，「間違ったらどうしよう」と不安になって書けないのかもしれないので，「どんな答えも正解」と伝えると書けるかもしれません。言葉ではなく絵を描き始める子や話が広がる子どももいますが，それは子ども次第でSCは子どものペースに合わせます。ワークありきでやらせるのではなく，子どもが中心です。書き終わったら，「どうしてそう考えたのかな？」と聞いてみると，子どもがその考えに行き着いた経緯がわかり，普段の生活の様子が分かったりします。また，子どもの過去の体験と関係していたり，このシーン全体を捉えるよりも，一人ひとりバラ

それぞれの吹き出しに考えていることを書いてください

図7-1　「考え」を見つける

バラに捉えて，部分的にしか見ない特徴がある子どももいます。もしワーク
シートが手元になかったら新聞の写真でも教科書でも人が写っている部分を
コピーして，吹き出しを書き加えて，「この人は，何を考えているのかな？」
と聞いてみてください。このように，子どもが「考え」について知るだけで
はなくて，子どもの答える様子から子どもの特徴，さまざまなエピソードを
把握できる場合もあります。そして，それらの把握できた事柄は，子ども理
解，アセスメント，CF作りに役立ちます。子どもの反応を先生と共有して
も良いでしょう。

　もう一つ「考え」の導入として，「考えは一通りではなくて，何通りかあ
る」ということを知ることもします。ワークシート「考えは一つだけじゃな
い」（図7-2）を使って，子どもが猫の考えを複数書きます。猫はいくつかの
ことを考えている可能性があり考えは1つではないことに子どもが気づきま
す。ワークシートがなければ，人や動物がのっているものをコピーして即席
で作ってください。このワークでも，子どもが答えやすいように声をかけ，
手助けをし，書いている途中の観察，回答によってわかることも見落とさず
にワークを進めてください。いろいろな発見があると思います。

▌ II　考えの影響を知る

　「考え」についてわかってきたところで，考えのレパートリーを増やす練習

この猫はなにを考えているかな

図7-2　考えは一つだけじゃない

に進みます。子どもにわかりやすくシンプルに伝えるために，うまくいかない考えを「ストップの考え」と呼び，うまくいく考えを「ゴーの考え」（図7-3）と呼び，どのように考えるとうまくいかないか，あるいはうまくいくかを子どもに考えてもらいます。

　子どもが現在，ストップしてしまっている行動（行動できなくなっていること）を用いてワークを進めてもいいです。架空の状況でもいいですし，「するのをやめたり，止めたりしてしまう考えはあるかな」と聞いてみてもよいと思います。実際の状況で進めるなら，例えば，「えりちゃんが何だかよそよそしいと思っているんだよね。他にえりちゃんに対してどんなことを考えているのかな」と伝えます。そうすると，子どもは，「えりちゃんがよそよそしいと思う」以外にも，例えば，「えりちゃんが悪口を言っていると思う」とか，「自分よりもさきちゃんと仲良くしたいみたい」などです。そのように考えると，この子どもはどんな気持ちになったり，どのような行動を取ったりするでしょうか。それらも会話の中で聞けると良いと思います。答えられなかったら，「もし私がそう考えたら，不安になって……，話しかけられないかな。○○ちゃんだったら，どうなる？」などヒントを出して聞いてみても良いと思います。

　ストップの考えについて気持ちや行動ともつなげて，それらの関連性についても話ができたら，次は，「ストップの考えをたくさん考えられたね。じゃあ，次は，同じ状況でも，ゴーの考えにしたらどうなるかな」と，どんなゴ

図7-3　「ストップ（STOP）の考え」と「ゴー（GO）の考え」

ーの考えがあるか尋ねます。「ゴーの考えは，不安が安心に変わったり，落ち着いたり，もしかしたらえりちゃんに話しかけてみる気になるかもしれない考えなんだけど，何か思いつく？」と説明し，聞いてみます。勘の良い子は説明がなくても答えられるかもしれません。例えば，子どもは，「他の人と話せばいいやと考える」とか，「気のせいと考える」とか，「自分は何も悪いことはしていないと思う」などと答えるもしれません。ゴーの考えをすると，どんな気持ちになり，どんな行動につながりそうか想像してもらいます。同じ状況に対して，考えの違いによって気持ちが楽になり，行動できるようになるかもしれないことに気づきます。このワークで2種類の考えのコツをつかんだら，あとは，「それは，ストップの考えになっているから，ゴーの考えにできる？」と子どもとの会話の中で，別の考えができるか声をかけられます。会話だけのやりとりが難しい子どもには「ストップの考え」と「ゴーの考え」を書きこめる周りに複数の吹き出しがあるワークシートを作ってあげると良いでしょう（図7-3）。

Ⅲ　考えと気持ちと行動のつながりを理解する

　「考え」について理解し，ストップとゴーの考えについてのワークをすると，「考え」が「気持ち」や「行動」に影響することがわかってきます。
　図7-4（考えと気持ちと行動のつながり）を見せて，これらがお互いに影

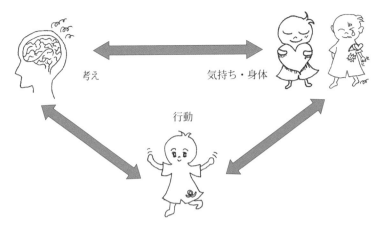

図7-4　「考え」と「気持ち」と「行動」のつながりを説明するイラスト

響し合っていることを説明します。「考え」に関するワークをしていなくても子どもが「……と考えたら……という気持ちになった」と話したら，「考え」「気持ち」「行動」が影響し合っているという話をするタイミングです。

　図7-4 がなければホワイトボードや紙にイラストや文字を書きながら説明します。例えば，不安な子どもには，「うまく行かないかもとか，失敗するかもと考えるとどんな気持ちになるかな？　どうするかな？」などと問いかけながら，考え，気持ち（身体の状態），行動について考えてもらいます。その上で，「他の考えはできるかな？」と聞きながら，「自分が失敗しても誰もなんとも思わない」と考えてみたらどんな気持ちになるかな？　どうするかな？」などと他の考えをした時の気持ちや行動を聞きます。うつの子どもの場合は，「例えば，いつもダメとか絶対できないと考えているとどんな気持ちになるかな？　どうするかな？」と聞きながら，「気持ちが落ち込んで，出かけなくなって家でゴロゴロ過ごすかもね」と話します。ここでは「考え」に注目して，気持ちや行動への影響を説明しています。そして，子どもが考え方次第で気持ちや行動に影響することに気づき始めます。

　もう一つのやり方としては，考え・気持ち（身体の状態）・行動を2つずつだけに分解します。図7-5，図7-6 のように，考えと気持ち，あるいは，考えと行動のつながりだけのシンプルなつながりに分けます。こちらの方が情報量が少ないので，子どもの状況によっては分かりやすいかもしれません。そして，子どもにうまく行かない考えがどのように気持ちや行動に影響して

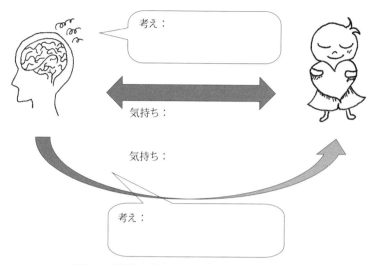

図 7-5　考えと気持ちのつながりを説明するイラスト

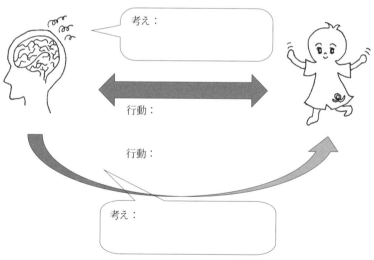

図 7-6　考えと行動のつながりを説明するイラスト

いるかを子どもが体験しているエピソードに基づいて，吹き出しに書き込みながら説明します。

IV　考えのくせを知る

　「考え」がどのようなものか理解する際に，「考えのくせ」といった，自分の考え方の傾向について知る機会も作ります。子どもに，以下の「考えのくせ」を説明しながら，「ここにいろいろな考え方が紹介されているのだけど，自分に当てはまるものあるかな？」と聞きます。そして，「1つや2つは誰にでもあるけど，これが強すぎたり，いつもはまったりすると，苦しくなってしまう考え」と伝え，自分がはまりやすい「考えのくせ」に気づいてもらうようにします。そして，理解できたら，ワークの後も，「今のは読心術のような考えになっているよ」と伝えられ，子どもが自分の考えを意識しやすくなります。うつの子どもは，「ダメダメ色めがね」「雪だるま的考え方」「全か無かの考え方」「べき思考」が当てはまることが多いです。不安な子どもは，「占い師のような考え方」「読心術師のような考え方」が当てはまります。

「考えのくせ」の種類

　ダメダメ色めがね：ダメな側面，悪いところ，できていないところばかり見てしまう

　雪だるま的考え方：一つのことを考え始めると，次から次へと悪い方向に考える

　全か無かの考え方：物事を全て0か100，良いか悪いかで考えてしまい，100%完璧でなければ0と同じ，意味がないと考えてしまう

　べき思考：ルールのように決めて，その通りにしないといけないと思う

　占い師のような考え方：将来や未来に対して，悪い方に予測してしまう

　読心術師のような考え方：まるで人の心を読むように，「あの人は自分に対して悪いことを考えている」と思ってしまう

V　考えのレパートリーを増やすいろいろな方法

　考えやその影響力，自分の考えのくせを知るなど考えについての理解をさ

まざまな方法で深めてきました。ここでは，考えのレパートリーを増やすいろいろな方法を紹介しますが，全てを適用しないといけないわけではなくて，子どもに応じて，子どもにとって必要かつ使いやすそうな道具を選んで練習してください。

1．事実を知らせる円グラフ

　子どもがそう思っている割合を数値化し，思っていることと実際が違うということに気づくためのワークです。例えば，「久しぶりに教室に入るのは不安になると思う。どんなことを考えて不安になる？」と聞いたときに，「みんながこっちを向くから」と言ったとします。そうしたら，「どれくらいの人がこっち向くと思う？　％で表してみて」と聞きます。子どもが「80％」と答え，「見ないが20％」と答えたら，それを円グラフで示します。そして，実際教室に行ったときに，何人くらいの人がこっちを見るか，だいたい数えてもらいます。実際は，30人のクラスで2，3人くらいしか見なかったら，それは10％以下になるので，実際自分は悪い方に大袈裟に考えていた（「雪だるま的考え方」）ことがわかります。

　このように円グラフにして数字で表す方法は，子どもがある物事に対してどれくらいそう思っているのかという割合を可視化するのに便利な方法です。SCの予想よりも多かったり，少なかったりすることもあり，数字で表すと実際の思いや信じている強さがよくわかります。

2．それって本当？（図7-7，7-8）

　全か無の考え方（白黒思考）を持つ子どものために，見過ごしていた事実を見つけて，よりバランスのいい考え方，グレーの考え方に気づくための方法です。何か極端な考えや決めつけるような考えに対して，いくつかの見過ごしている事実を一緒に探し，書き込み，振り返り，どんな新事実を見出せるか取り組むワークです。子どもにとっては，まさか見過ごしている事実があるとは思っていないので，改めて気づけるチャンスになります。すぐには，極端な考えが変わらないかもしれませんが，自分が見過ごしている事実があることに気づくことは，柔軟な考えに向かう一助となります。

　例えば，今までの子どもとの会話から，子どもが「親は自分を全然認めてくれない」と思っているだろうということがわかったとします。そうしたら，

「親は全然自分を認めてくれない」

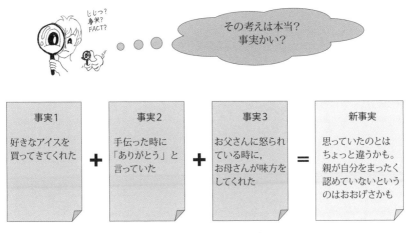

図 7-7　それって本当？①

「　　　　　　　　　　　　　　　」

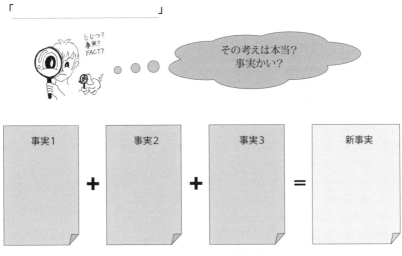

図 7-8　それって本当？②

その考えについて，その考えとは違う事実，いわゆる反証を見つけます。子どもがすらすら見つけるのは難しいと思うので，SC が「例えば，ユウタくんがお手伝いした時，お母さん『ありがとう』って言ったり，『助かった』と言ったりしたことあった？」など反証の可能性がありそうな事実を一緒に探す手助けをします。そして，3つくらい反証を見つけて，そこから新しい事実，新しい考え，「思っていたのとはちょっと違うかも。親が自分を全く認めていないというのは大袈裟かもしれない」を見出します。

　このワークをする前には，子どもの「親は全然自分を認めてくれない」以外にも「○○は最悪だ」「何も楽しいことはない」「誰も分かってくれない」など断定的な思いを子どもが十分はき出しておくことが大事です。子どもの思いを否定せずに聴いてから行ったほうが気持ちも落ち着いて，事実をさがすゆとりができます。

3．別の考えできるかな？

　これは，単純に，今とは違う別の考え方を見つける方法です。最初に，子どもに，「例えばサッカーの試合中，相手が自分にぶつかったとするよ。その時，『いたっ！　わざとやったな』と思うと，どんな気持ちになる？　怒りだね。でも，同じ状況で，『相手も一生懸命プレーしているんだな』と思ったらどんな気持ちになる？　怒りはあまり感じないかもね」と説明します（図 7-9）。同じ状況なのに，考え方によって違う気持ちになる例です。あるいは，考え方によって別の行動になる話をしてもいいです。

　例えば，「ここに筆箱があるけど，この筆箱を見て，A さんは『かわいい！今使っている筆箱壊れているし，ちょうどお小遣い入ったばかりだし』と思ったらどうすると思う？　買うかもね。じゃあ，『この間，新しい筆箱買ったばかりだし，色がいまいちだな』と思ったら筆箱は……買わないよね。同じ筆箱に対して別の考えをすることで，行動が変わるね」と説明します。そして，「別の考え方についてもう少し練習してみよう」と伝えて，子どもの状況に沿って「今はこういうふうに考えるけど別の考えできるかな？」と色々な例を出して聞いていくことができます。紙に書きながら左側に「今の考え」，右側に「別の考え」と吹き出しを書いて，書き出しても良いかもしれません（図 7-10）。

図 7-9　別の考えできるかな①

図 7-10　別の考えできるかな②

4．柔らかい考えで先に進む

　これは，とても単純なワークです。子どもに，「いちいち考え始めるとできなくなってしまうことがあるから，そんな時はやわらかい考えが便利」と紹介します（図 7-11）。『ちいさなこと』『どうぞ』『こんなこともあるさ』『しょうがない』『まっ，いいっか』と考えると，あまり気にしないで先に進めるようになるよ」と伝えます。そして，空欄の吹き出しに，子ども自身でもう1つ考えてもらい付け加えてもいいかもしれません。例えば，「どうにかなるさ」というのはどうでしょうか。付けたさなくてもなくても大丈夫です。

図7-11　やわらかい考え → 先にすすもう

　その後に,「例えば,友達と遊ぶ約束していたのに急に行けないと言われてがっかりした時に,もしやわらかい考え方をするとしたら,どんなふうに考える?」と聞いていくつか,練習するといいでしょう。

5．自分のものさし，人のものさし

　これは,「べき思考」を柔軟にするために役立ちます。子どもに,「ものさしって何に使う?」と聞き,子どもは「長さを測るもの」と答えると思います。「そうだね。考えの中にもものさしがあって,自分のものさしと人のものさしが違うってことがよくあるの。例えば,自分のものさしでは,『友達にはすぐに返信しないといけない』と思っていたとするよ。でも,お友達のAちゃんのものさしでは,『返信はするけど,忙しいときや気が向かないときは,後でもいいや』と思っていて,Bちゃんは『別に返信しなくていい』って思っているかもしれないね。自分の考えのものさしが一番短くて,Bちゃんが一番長い感じ。こんなふうに人それぞれ違う考えのものさしを持っているし,自分のものさしを少し長くしてみると楽になることがあるの」と説明します。そして,子どもの今の状況に合わせて,「今はこういう考えのものさしかな?　そのものさしをもう少し長くしてみることできる?」と聞きながら,べき思考を柔軟な考えにできるか試してみます。

6．まほうの言葉

　「まほうの言葉」は,自分を落ち着けてくれたり,元気づけてくれたりする言葉をいくつか考えて,それらの中から1つか2つ選んで書いて,手元に置いておくためのカードを作るワークです。子どもに「不安を落ち着けてくれ

る言葉。安心感を与えてくれるような言葉を考えよう」と勧めます。うつの子どもには，「落ち込みや悲しみをスッキリさせてくれたり明るい気分にしてくれる言葉を考えよう」と勧めます。子どもが今まで友達や先生，親からかけられて嬉しかった言葉，本を読んだり，何か見たり聞いたりした言葉を思い出し，書き出します。SC が言葉のアイデアをいくつか提案しても良いです。その中から，１つか２つ気に入った言葉を選んで，SC が用意しておいた名刺サイズくらいのカードに書きこみ，筆箱や手帳などすぐに見える場所に入れておき，いざというときに見ます。自分に魔法をかけるように気分が落ち着く効果を狙ったものです。

　面接の際に，ちょっとした励ましの一言を手持ちのカードに書いて渡して，お守りのように持ってもらってもいいかもしれません。言葉の力を感じるワークです。

7．思ったことが本当にそうなるのか

　強迫観念や予期不安は思っていることが本当にそうなる「思考と行動の混同」という認知の特徴があります。その場合は，試しに「好きな食べ物」を聞いて，子どもと共にその食べ物を食べたいと思いっきり念じます。食べ物をリアルに頭の中でイメージします。念じたら，その食べ物は出てくるでしょうか。もちろん出てきません。あるいは，「行きたい場所」をリアルにイメージします。やはり行きたい場所へは行けません。当たり前のことなのですが，これは，思ったからといってそうなるとは限らないということを実験できる手軽な方法です。

Ⅵ　認知的介入をうまくするコツ

　ここまで，認知への介入に関するさまざまな方法を紹介しました。認知行動療法の認知への介入の王道といえば，思考記録表を書き，コラム法と呼ばれている自動思考に関する証拠と反証を見つけて，新たな考えを見出す方法があります。しかし，子どもに対しても認知再構成法をすることに変わりはないのですが，いろいろな工夫があります。そして，認知行動療法と言えば，宿題も大事で，「おうちでしよう」と呼び名を変えて，相談室内でのワークをおうちでも練習してきてもらいます。その時に，「自分のために自分のペース

で練習してみてね」と伝えるようにして，子どもの主体性を大事にするようにしています。そして，「練習した方が自転車の練習みたいに，自分のものにはなると思うけど」と伝えます。中にはしてこない子どももいます。その場合，「やりにくかったとか忙しかったとか何か理由ある？」と聞き，その子のことを知るためにもなるべく聞くようにしています。そして，子どもなりの理由を受け止めつつ復習から始めてもいいです。うつの子どもにとってはなかなかやる気が起きないのでしないことが多いので相談室に来て少しずつできるだけで十分かもしれません。

　認知への介入としてさまざまなワークを紹介しましたが，認知的介入をうまくするコツには，このようなワークをしたい子どももいれば，したくない子どももいるので，それを見極めることも大切です。話し方が理屈っぽい子ども，読書好き，知的好奇心が旺盛，几帳面で真面目な子どもは案外やる気を出します。このような子どもは，理屈を知ることに好奇心を持ち，楽しんでできます。したいかしたくないか分からなかったら，試しにやってみます。

　今までの経験上，あまりしたくない子どもは，言葉数が少なめで，論理的に物事を考えるのがあまり得意ではない感覚的な子どもはあまり興味を持たない印象があります。でも，会話の中で，SC が子どもの「考え」を捉え，ときどきワークをしたり，ワークという形を取らなくても，認知再構成法を忍び込ませることはできます。子どもが発した「考え」，例えば，「教室の雰囲気が嫌だ」と言ったことに対して，SC が「嫌なんだね」と共感するだけではなくて，「それってどういうこと？　何か考えちゃうとか？」と聞き，そうすると，子どもは「周りの視線っていうか……」と答えるかもしれません。そうしたら，SC は，「うんうん，そういうの感じるよね。どんなことを感じるの？」と聞き，子どもは「変に思われている感じ」と答えるかもしれません。このように考えを話してくれたときに，一歩踏み込んで丁寧に聞いていきます。その時に，「変に思われていると思うんだね。そういうふうに考えるとどんな気持ちになるかな」などと伝えて，気持ちやさらには行動に関しても聞くことができます。そして，そのつながりを図に表し，別の考えができないかといった話に発展させられるかもしれません。そのときに，見過ごしていた事実を見つけたり，やわらかい考えを提案したり，「ものさし」という言葉を使って説明したりできます。SC がワークのレパートリーをたくさん持っていれば子どもとのやりとりの中でさりげなく，認知再構成法の考えの

もと，考えのレパートリーを広げるためのアドバイスができます。

　また，子どものちょっとしたステキな所をほめたり，フィードバックする「コンプリメント」やマイナスの言い方からプラスの言い方に変える「リフレーミング」といったSCの意識も子どもの認知が変わるには有効だと思います。

▌VII　事例を通してワークをしない認知再構成について

　ここでは，「ワーク」という形をとらずに認知変容したうつの不登校の中学生（はなちゃん。4章にも出てきました）について解説します。はなちゃんは，うつで意欲はなく，言葉数は少なく，ワークをするほどのエネルギーもなかったので，SCがはなちゃんの考えを捉えながら，別の発想をする会話のやり取りで認知再構成法（図7-12）を行いました。はなちゃんの思い込みの一つに，「相談したり，泣いたりする人は弱い人」というものがありました。この考えは，はなちゃんの父親との関わりの中で形成され，さらには過去の辛い出来事を話さず，受け止めてもらう体験が乏しかった経験によって維持されていました。SCとしてはこの見立てに基づいて，過去のいじめ経験や祖母との死別については，率直に質問し，はなちゃんの話を聴き，気持ちを受け止め，「その時に感じた苦しみを話すことは決して弱い人がすることではなく，むしろ苦しみを話すには勇気がいる。自分の過去によく向き合っている強い人」と返しました。また，自傷行為については，はなちゃん自らしたときには話してくれるようになり（会話の中でさらっとつぶやく程度しか言わないので聞きもらさないようにします），毎回「話してくれてよかった」と受け止め，悲しみや不安，怒りの気持ちの表れとして自傷行為をしてしまうことを理解していることを伝え，悲しみや不安，怒りの気持ちは当然あるものとして肯定するように聞きました。はなちゃんは，「SCに話す。頼りにしてみると悪くない。気持ちが晴れる」という体験を積み重ね，「苦しみを感じたときには，話すといい」という考えに変わっていきました。SCだけではなく，親や友達に苦しくなったときには話せるようになりました。また，SCにいろいろな生徒が相談しにきている様子をみることも「相談する人は弱い」という思いからの認知変容に影響があったようです。

　はなちゃんがもう一つ，強く思っていたのが，「不登校の自分はダメな自

考え
「泣く・相談するのは弱い人がすること」

SC：決して弱い人がすることではなく，
　　むしろ苦しみを話せていることは
　　勇気がいる。自分の過去によく
　　向き合っている。
　　（徹底的に受け止める）
SC：苦しみや気持ちの表れ
　　（誰でも弱いし，それでも大丈夫）

苦しみを感じたときには話すと良い

考え
「不登校の自分はダメな自分」

SC：不登校のおかげで〜！
SC：不登校，極めたね〜！

不登校最強です！

図 7-12　認知再構成（はなちゃんの場合）

分」ということです。このような思いを抱えていると，せっかく学校を休ん
でいてもゆっくりできるどころか，反対に，自分に対する否定的な認知によ
り落ち込み，罪悪感を持ち，なかなか気持ちが休まらず，つかれたり，元気
が出ず，活動が低下してしまいます。うつにはそのような悪循環があるので，
認知面では，はなちゃんが何かしたいことや，できたことがあったときに，
「不登校のおかげでできたね」「不登校極めたね」などと不登校を肯定する言
葉かけをするようにしました。このようなリフレーミングを重ねて，はなち
ゃんは，自分自身で「不登校最強です」と肯定的な思いを笑顔で語るように
なりました。「不登校＝ダメな自分」から「不登校＝最強の自分（唯一無二の
存在）」に認知が変わり，気持ちが落ち着き，活発に活動できるようになりま
した。

うつに効く行動活性化

I　行動活性化の効果

　行動活性化は，行動と気持ちがお互い影響し合っている関係性を用い，気分が良くなるのを待ってから活動するのではなくて，活動することで気分が良くなることを狙っています。また，活動することでうつに特有の反芻思考に向いていた注意が弱まる可能性があったり（何かしていることに注意が向いて，考えが弱まる），活動の結果として少しでもできたことに対する充実感が生まれたりする可能性もあります。軽度から中程度のうつに導入することが推奨されている方法です。

　「活動」の意味を意識してもらうために，子どもには，図 8-1 に示したように気持ちと行動のつながりについて説明をします。例えば，「調子がよくないと，何もする気が起きなくて，しなくなるでしょう。そうするとどんな気持ちになるかな？　落ち込んだり，悲しい気持ちになったり，やる気がなかったり沈んでいるかもしれないね。でも，行動と気持ちはつながっているから，やる気がでなかったり沈んでいてもとりあえず何かし始めると，不思議なことに気持ちがついてくるんだよね。ケン君が前は結構好きだったり，楽しんだりしたことってどんなことだっけ？」などと聞いてみます。

　大人の場合は，「活動記録表（活動スケジュール）」というものを書いて，毎日，何時から何時の間に何をしたかとその時の気分を表に書き入れて来てもらいます。このような記録を子どもも，するなら書いてきてもらい，記入した記録をみて，どんなことに気づいたか話し合います。例えば，気分がよくなる時間帯があるか？　その時にどのようなことをしていたか？　気分が良い時間帯に，活動を取り入れることを検討します。気分が悪いときに，何もしないよりも好きなことをしたり，誰かと一緒に過ごしたりする計画を立てます。うつの場合は，午前中に気分が下がり，夕方頃から良くなるので，

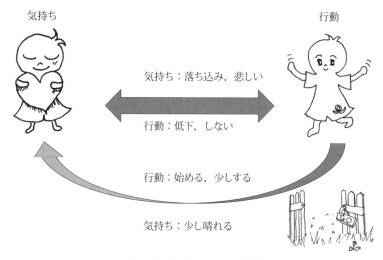

気持ち

行動

気持ち：落ち込み，悲しい

行動：低下，しない

行動：始める，少しする

気持ち：少し晴れる

図 8-1　気持ちと行動のつながり

少し勉強したり，午前中にしようとするよりも午後の方ができるかもしれません（1日の終わりや学校にいる時間帯が終わってほっとする）。

　ただ，実際は活動記録表を記入できる子どもはそう多くないですし，続けて書けたとしても，1～2週間くらいです。また，記録表を見て気づきがあったとしても，実際行動に移せなかったり，長続きしなかったりすることも多いので，いかに子どもがさせられた感じを受けず，さりげなく導入できるかがポイントです。また，あくまでも心のエネルギーを奪うようながんばってすること，しないといけないようなこと（勉強，学校に行く，塾に行くなど）をするのではなくて，心のエネルギーを充電するような好きなこと（前好きだったけどやめてしまったこと）や簡単にできることにします。

　今までの会話の中で聞いた，好きなこと・得意なこと・前は楽しんでやっていたことなど，できそうなことをやり始めます。例えば，はなちゃんのケースでは，はなちゃんから好きなこと・得意なことを聞いて，それらを「一人でできること」と「誰かとすること」に分けてみました。「一人でできること」に「イラストを描く」「アニメや漫画を見る」「好きなことをネットで調べる」「動画編集」「YouTube を見る」「おしゃれをする」でした。「誰かとすること」に「イラストを一緒に描く」「チャットしながらゲームする」「カラオケに行く」「洋服を買いに行く」「友達とおしゃべり」「LINE 通話」でし

た。分けた理由は，人との関係に傷つき，人間関係が希薄だったので，人とつながる「誰かとすること」によって，心地良さや安心を感じられることの意義は大きいと考えたからです。「一人でできること」と「誰かとすること」の両方を日常生活に取り入れるようにしました。

　保護者にも「行動活性化」の意義ややり方を伝え，保護者がどのようにサポートすると助けになるかを話します。例えば，「誰かとすること」にある，カラオケや洋服を買いに行くは，不登校で友達との関わりがほとんどない状況では，友達とできないので，親ができる範囲内で付き合うことを勧めました。さらに，通話や，チャットをしながらのゲーム，「一人でできること」にあるイラストを描いたり，アニメを見たり，漫画を読んだり，動画編集をすることは，保護者にとっては，「怠けている。そんなことばかりして勉強が遅れるのが心配。ネット依存になる。もうちょっと健康的なことをしてほしい」などと思うようなことかもしれません。でも，そこは SC が面談の時に，はなちゃんが今，何もしないでいるよりは何かすることの方がうつの回復には必要なことを伝え，はなちゃんが好きなことはよく SC にも話をするので，相談室にくるきっかけにもなりますし，保護者が子どもの関心事に興味を持って会話することも行動活性化になることを伝えます。行動活性化とは話がずれますが，子どもが隠しがちなネッ友とのことやゲームへの課金など親や先生が聞いたら心配なこと，止められてしまうことも話してくれることが多くなり，SC が話せる人，状況を把握している人となる意味も大きいように感じます。話は戻りますが，行動活性化の中身は，子どもの興味関心に沿った活動を取り入れることが一番スムーズです。

▌ II　行動活性化の導入の工夫

　行動活性化は，子どもの興味関心や好きなことに沿って活動を組み立てた方がスムーズに導入できることをお伝えしました。もう一つ，子どもによっては，「どうなりたい？」，あるいは「1 年後どうなっていたい？」「寝ている間に奇跡が起きたらどうなっている？」といった，解決志向ブリーフセラピーの質問の仕方の一つのミラクルデイズ・クエスチョンやタイムマシン・クエスチョンを使って，問題がなくなったとしたらどんな自分になりたいか想像する方法もします。ただ，今，とても元気がない状態では，こういう未来

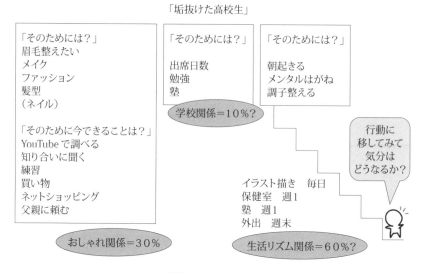

図 8-2　「どうなりたいか教えて？」

志向，解決像を思い描けない子どももいるかもしれません。質問の言い方を
工夫したり，最初に質問したときにはうまく答えられなかったとしても，休
養をして少し出かけたりするようになったときに，あるいは SC とよりフラ
ンクな関係ができた頃を見計らってまた聞いてみると答えられるかもしれま
せん。いずれにしろ，どうなりたいかという未来志向の質問をときどきし，
認知行療法的に言えば，問題が解決している，あるいはなりたい自分を思い
描くこと，考えることは，気持ちや行動にも良い影響があります。
　はなちゃんの場合は，「どうなりたい？」と聞くと，「垢抜けた高校生にな
りたい」と願いを話しました（図 8-2）。その目標を具体的に行動に置き換え
て実行できるように，さらに「そのためにはどうしたらいいかな」という質
問をしました。そうすると，「垢抜けた高校生」そのものになるためのおし
ゃれ関係の話が出ました。それと，「学校に向けての行動」と「生活リズムに
関する行動」も必要になりそうだったので，行動の中身を具体的に考えまし
た。さらに，この 3 つの柱を実行するには，エネルギーをどう配分すると良
いかという話もしました。そうすると，おしゃれ関係は，エネルギー配分と
しては 30％，学校関係はまだ少し先になりそうなので 10％，生活リズム関
係はすぐに改善させたい思いもあったので 60％となりました。そこで，60

％あった「生活リズム」に関しては，さらに今日からでもできることを具体的に考えました。そして，「イラスト描き毎日，保健室週1日，塾週1日，週末外出」とはなちゃんが考え，そこを中心にエネルギーを注ぎ，気分転換としておしゃれ関係は楽しみ，日々の生活の中で取り入れることにしました。

　大まかにこのような配分で始め，塾や保健室に行く回数が増えたり，逆に減ったり，「おしゃれ関係」が充実してきたりということを繰り返しながら，元気が少しずつ出て，気分が落ち着いてきました。さらに，動画編集，ネッ友との交流が追加され，活動の幅が増えたりもしました。このように，「どうなりたいか」ということを具体的にした後，状況によって減らしたり，増やしたり（減ったり，増えたり）することはあります。一番のポイントは，行動活性化を理解して，子どもが活動していることをSCが強化していくことです。

III　行動活性化のさまざまな工夫

　「どうなりたいか？」という将来の自分を想像しながら始める行動活性化について説明しました。他の工夫もあります。ここでは，はなちゃんと行った行動活性化以外の工夫（表8-1）について見ていきます。

　うつの子どもの場合，学校に足が向く前にまずは家での気分が落ち着き，外出できたり，何か少しやる気が出てきたりする第1段階があり，その段階を踏まえて，学校に足が向く次の段階になります。第2段階では，学校という生活の場をうまく使って行動活性化を取り入れることができます。不登校の子どもたちは，うつっぽくもありながら，人と会うことに対する恐怖心，どう思われるか不安もあります。その反面，友達との楽しく，和やかな関わりは元気になるための原動力になります。そこで，いかにクラスメイトと交流させるか知恵を絞るところです。手始めに，相談室という安心できる居場所に，クラスメイトを連れてきて，様子を見ます。ただ，本人がそれを望むか，受け入れるか，誰を連れてくるかの人選は必要です。共通の話題がありそうな子，少し明るく話をリードしてくれそうな子，雰囲気が優しくて話が弾むわけではないけど居心地が良さそうな子，一人だけにするのか二人くらいにするのかも，子どもが何を望むのか，その子どもの様子で決めます。相談室に来てくれる子どもの都合もあるので調整します。このように，クラス

表8-1　行動が変わる（できたの実感）

ステップ1：相談室でクラスの友達と交流する。 　結果：楽しい
ステップ2：校長先生に得意のイラストを見せにいく。 　結果：嬉しい，イラストの練習・スキルアップ（後に人に頼まれたり）
ステップ3：週2回昼休みに保健室登校。「登校」という意識ではなく， 　　　　　　「おにぎりを食べるために」。 　結果：1週間維持，友達会いに来てくれて話して楽しい
ステップ4：週4日昼休みに保健室登校。「おにぎりを食べるために」 　結果：できる，友達とLINE交換，週末会う
ステップ5：週4日昼休みに保健室登校。 　結果：プライベートでも意欲が出る（進学関係，外出，友だちに会う） 　　　　　気持ちの安定，自傷行為止まる，父と話せる。

メイトとの交流を図るために，実際はいろいろな配慮が必要です。はなちゃんの場合は，趣味が合いそうな女子と，優しそうな男子の2名に来室してもらうことにし，何度か歓談を重ね，和やかで楽しい時間を過ごせました。都合により，どちらか1名が相談室に来ることもあります。はなちゃんが「今日は来るかな」と聞いたり，保護者からは「家で相談室で会った友達の話をしている」と報告を受けたりし，はなちゃんが楽しみにしている様子がわかりました。

　さらにイラストを描くのがとても上手だったので，校長先生に見せに行くことにし，校長先生という，本当は雲の上のような存在の先生に優しく声をかけてもらったり，会話ができると元気になる助けになるかと思い，はなちゃんを誘ってみました。はなちゃんの場合は，父親との関係が希薄だったので，あえて優しい父親像のような校長先生に協力してもらうことにも意味があると考えました。校長先生とSCの関係，校長先生のタイプによりできるできないはあると思いますし，校長室の敷居が高過ぎて，この方法が合わない子どももいると思います。はなちゃんの場合は，校長先生にイラストを認められ，ざっくばらんに話ができる体験がうれしく，イラストを描く励みになりました。

　次に，週1日の相談室登校から，もう1日保健室登校ができるためには，「学校に行く日にちを増やす」という意識で登校するよりも，「おにぎりを食べに保健室にくる」という意味づけで登校を促しました。その方が，はなち

ゃんも保健室に行く意図がはっきりしているのでリラックスして登校できました。昼休みだと，クラスメイトが会いに来てくれて会話ができるなどの良い面もありました。これは，SCが事前にクラスメイトに登校日を伝えていたので，会いに来てくれました。

　自主的にクラスメイトとLINEを交換したり，週末遊ぶ約束をしたり，保健室登校を増やしたりしました。学校での活動が増えると，家での時間にも意欲が出るなど双方向的に良い影響があり，進路について調べ始めたり，進学先の見学や体験授業に参加したり，外出が増えました。同時に，気持ちが安定し，自傷行為も止まり，外出先で特に父親との会話が増えたことで父親との信頼関係も築かれていきました。

　一例ではありますが，子どもに合った方法で，活動を高めるためにできる工夫を取り入れることは，うつに効果的です。

Ⅳ　コンパッションの導入と効果

　軽度，中程度のうつに効果的な「コンパッション」というものがあります。うつの子どもは自分に厳しいところや，0か100で考える傾向があり，全くできなかったり，しなかったりします。そうするとかえって，周りからは怠けていると思われ，自分でも「ダメな人間だ」という思いを深めてしまいます。そのようなうつの子どもには，「セルフ・コンパッション」という考えがあります。「コンパッション」とは，訳すと「おもいやり」と言われたりしますが，「セルフ・コンパッション」は自分自身への思いやり，つまり自分に優しくすることです。具体的には，「自分にやさしい声」をかけます。子どもには，「なんでこんなにできないんだろう」「もっと頑張らないといけない」「自分なりに頑張っているのに認めてもらえない」などといつも心の中で「自分に厳しい声」をかけてしまいがちなことに気づかせます。SCは，「そんなに頑張らなくていいんだよ」「焦らず時間かけよう」などと，やさしい言葉をかけると思います。それを，子ども自らが自分にかけられるようにします。「元気になったら今できないこともできるようになる。うつになる前はできていたんだから」とか，「そのためには今は，ゆっくり焦らず過ごそう」とか，「しょうがない」や「どうにかなるさ」といった「やわらかい考え」で紹介したような，先に進むための言葉を自分にかけるのも気持ちが落ち着くかもし

れません。SC が「自分に厳しい声になっているね。やさしい声にするとしたら？」「同じような状況の友達がいたら，なんて声をかける？」と聞いて，練習できるといいかもしれません。

　次に，他者に対して，優しくする，役に立つという「コンパッション」もあります。誰かに必要とされている，役に立つことで，心が満たされ，この感覚がうつには良いとされています。直接的に，「人の役に立とう」「人に優しくしよう」と言っても簡単にできるものではありません。うつで不登校になっている子どもの多くが「ありがとう」をあまり言わないと気づいたことがあるのですが，それはもしかしたら今は自分のことで精一杯で人のことまでは考える心のゆとりがないからと想像します。もう少し元気が出てきて，心のゆとりも出てくると，相手に対する感謝の気持ち，「ありがとう」の気持ちが出てくるのかもしれません。相談室では，相談室便りのイラストを頼んだり，一緒に掃除をしたり（ゴミ捨てに行ったり），何か手伝ってもらって，SC が「ありがとう」を言う場面で，子どもが「役に立った」と思えるかもしれません。このような状況を意図的に作るのもうつの子どもに元気を届ける一助になるでしょう。

不安反応に効くエクスポージャー

I　学習理論から読み解く不安

　ここでは，不安がどのように学習され維持されるのか，レスポンデント条件づけとオペラント条件づけから解説します。そして，それぞれの学習心理学理論によって，どのような介入方法が開発されているかも説明します。

1．レスポンデント条件づけから見た不安の成り立ち

　レスポンデント条件づけは，有名なパブロフの犬の実験で解明されました。餌を見ると自然によだれが出ます。梅干しを見ると自然によだれが出るようなものです。よだれという生理現象を起こす餌や梅干しは「無条件刺激」と言います。そして，よだれは，無条件刺激によって誘発される反応なので，「無条件反応」と言います。この自然現象にブザーをつなげます。ブザーは，ブザー単独では，そもそもよだれは出ないので，「中性刺激」です。ただ，単独では何も反応が起きない中性刺激であるブザーが，自然現象の餌－よだれのつながりと何度もつながるうちに，ブザーの音がするだけで，よだれが出るようになります。そうすると，ブザーは「条件刺激」と呼ばれるものになって，条件づけが起きる前までは無条件反応と呼ばれていたよだれは，「条件反応」となります。ブザーがよだれを出す刺激として条件づけされたからです。

　では，このつながりを理解したところで，人間の「不安の成り立ち」に当てはめます（図9-1）。まず，無条件刺激と呼ばれる，「元々体調が悪い」や「気持ち悪さ」があれば，無条件反応として「嘔吐する」可能性があります。嘔吐という体の反応と共に嘔吐する状況では，感情の反応としては恐怖とか不安があり，さらに認知の反応としては「耐えられない」「迷惑かけている」といったものがあるかもしれません。これら，身体の反応，感情・認知の反

条件づけ
- <u>中性刺激</u>　　　＋　　<u>無条件刺激</u>　　→　　<u>無条件反応</u>
- ブザー　　　　＋　　　　えさ　　　　→　　よだれ（パブロブ）
- 朝礼　　　　＋　　元々調子悪い　　→　　身体：嘔吐　感情：恐怖
　　　　　　　　　　　　　　　　　　　　　　認知：耐えられない

条件づけられた結果
- <u>条件刺激</u>　　　＋　　　　　　　　　　→　　<u>条件反応</u>
- ブザー　　　　　　　　　　　　　　　　→　　よだれ（パブロブ）
- 知っている人たち，緊張した雰囲気　　→　　不安反応
　　　　　　　　　　　　　　　　　　　　　　身体：気持ち悪い　　感情：恐怖
　　　　　　　　　　　　　　　　　　　　　　認知：耐えられない

レスポンデント消去
- ブザー　　　＋　　えさが出ない　　→　よだれ出さなくなる
- 知っている人たち，緊張した雰囲気　＋　気持ち悪くない（順化）　→　不安反応なくなる

図 9-1　レスポンデント条件づけから見た不安の成り立ち

応は全て「元々の体調の悪さ」とつながっている無条件反応です。ところが，たまたま中性刺激である「朝礼の時」に，嘔吐して，とても不安や恐怖を感じ，「耐えられない」「みんなに迷惑をかけている」と思ったとします。この経験は何度も繰り返さなくても，1回かあるいは，数回起こるだけで，インパクトの強い恐怖体験なので，中性刺激と呼ばれていた朝礼が「条件刺激」となって，条件反応，つまり嘔吐や恐怖心・不安感，「耐えられない」「迷惑をかける」と思うなどが引き起こされます。そして，朝礼－不安反応のつながりができ，学習が成り立ちます。さらに，人間は想像力があるので，朝礼を連想させるものや状況，似ている状況，例えば「知っている人たちがいて，緊張感がある場面」でも不安反応が起こる可能性があります。

　では，朝礼（「知っている人たちがいて，緊張感がある場面」）－不安反応のつながりを解除するためにはどうしたら良いでしょうか。パブロフの犬のレスポンデント条件づけに話が戻りますが，ブザーだけでよだれが出るようになった犬ですが，その後，ブザーだけでは餌が出ない状態が続くと，さすがの犬もブザーの効果が薄れてよだれが出なくなります。最初の学習効果がなくなる「レスポンデント消去」と言われる現象です。レスポンデント消去を，人間に応用します。理屈上は，朝礼－気持ち悪くない（「ブザー－餌なし」の応用）のつながりを作れば良いのです。現実場面では，このつながりを作るのはそう簡単ではないのですが，一つのやり方としては，身体的な不

安反応が起きた時にそれと拮抗する反応をつなげることで，朝礼－不安反応なしを学習する方法です。系統的脱感作法と言われる方法です。やり方としては，不安反応として起る身体反応と拮抗する，体の力を抜いたり，ゆっくり呼吸したり，リラックスさせたりすることで，「朝礼－リラックス－不安反応なし」という新たな条件づけが形成されて，朝礼（条件刺激）－不安反応なし（条件反応なし）のつながりができます。実際には，「朝礼」から朝礼に似ている「知っている人たちがいて，緊張感がある場面」でも不安反応が出るので，そのような場面に対して，段階的にリラックス状態と組み合わせて，不安感や恐怖感が弱い場面から始めて，徐々に高い場面へとステップアップし，不安を軽減させていきます。

2．オペラント条件づけからみた不安の維持

オペラント条件づけは，有名なスキナー箱によるラットや鳩の実験によって解明されました。スキナー箱と呼ばれる，実験箱は，レバーを押すと餌が出るという細工がされています（その他，学習効果を観察するためにブザーが鳴ったり，違う色の電気がつくなど実験の条件によって他の細工がしてある場合もあります）。スキナー箱に飼われているラットがたまたまレバーを押したら餌が出ました。何度かこのたまたまレバーを押すと餌が出るという経験を積んで，ラットは「レバーを押す」という行動を学習します。なぜなら，餌という魅力的なご褒美（ご褒美のことを強化子と言って，何か得られて行動が増えることを「正の強化」と言います）を得られるからです。この学習を元に「ブザーが鳴る」（あるいは電気がつく）が「刺激」で，「レバーを押す」が「反応」で，「餌が出る」が「結果」によって，「ブザーが鳴る時にレバー押しをすると餌が得られる」という学習が成立します。

レスポンデント条件づけもブザーと餌のつながりを学習したのですが，オペラント条件づけで学習される行動は，よだれのような生理現象ではないということです。つまり，レスポンデント条件づけは元々あった生理現象と何かがつながった学習結果であり，オペラント条件づけは，たまたま生起した行動が強化されると学習し，さらにそれに刺激を先行させると，その刺激がきっかけとなり行動が誘発され結果によって強化されます（結果によって消去もあります）。

オペラント条件づけを人間の不安の維持に当てはめると，「学校」という

刺激　　→　　反応　　→　　結果

学校(を思い浮かべる)→　　避ける　→　　一時的にホッとする(負の強化)

⇨長期的な結果として不登校で色々不便なことがあるかも

対応例：先行刺激→別室、フリースクール
　　　　反応→他の行動(別室登校)に置き換えたり(代替行動)，練習する
　　　　結果→ご褒美(内的・外的)

図 9-2　オペラント条件づけから見た不安の維持

刺激に対して，避けるという「回避行動」をとることで，一時的にほっとするという「結果（負の強化：不快感が除去される）」を得られるので，回避行動が強化され，維持されます。「学校（刺激）」―「回避行動（反応）」→「ほっとする（結果：負の強化）」というつながりです。ただ，直後の結果としては，「ほっとする」という強化なのですが，長期的な結果としては，回避行動を取り続けることでは，不登校や不登校によるさまざまな問題などマイナスの結果，弊害が出てきてしまいます（図 9-2）。そのため，回避行動という対処行動だけでは，長期的には対処しきれないので別の行動を学んでいく必要があります。

　オペラント条件づけに基づいた不登校支援としては，それぞれ，「刺激」「反応」「結果」の部分を操作することで，行動変容を促せる可能性があります。「刺激」の部分を操作するとしたら，「別室登校」や「時差登校」を可能にしたり，学校以外の「適応指導教室」「フリースクール」「習い事」などに変えて，「家の外に出る」「行く」という行動を誘発できる可能性があります（弁別刺激といって，刺激の種類によって反応が変わることがこの考えの背景にあります）。さらに，「反応」の部分に関しては，「別室登校をする」「フリースクールに行く」「家で勉強する」「友達と話す」など，「学校に行かない」に取って代わる，望ましい行動，代替行動に置き換えて強化する方法があります。「結果」を操作するには，「登校する」「準備をする」「出発する」などといった望ましい行動をとった時に，その行動が強化される結果を伴うように工夫できます。褒める，自分にご褒美を用意する，（外に出かけられたら）友達と楽しい時間を過ごせる充実感などです。

▌ II　エクスポージャーの試み

　意図的に身体の状態を緩める拮抗反応をうまく使った系統的脱感作法や，オペラント条件づけのつながりから明らかになった刺激−反応−結果のつながりのそれぞれの部分を置き換えるやり方など，学習心理学の知見に基づいた技法はさまざまあります。その中でも，不安反応には，エクスポージャーが効果的なことが実証されています。ただ，使いこなすためには，エクスポージャーが効果的な理由を理解している必要があります。それは，不安反応が学習の結果であり，エクスポージャーは，刺激にさらされ続けることで，反応が徐々に弱まり慣れる「順化」という現象をうまく使っています。学習した不安を解除するための手段です。「順化」によって，刺激の影響力をなくす「レスポンデント消去」と，回避をさせない，しないけどいい結果を得られる「新たなオペラント条件づけ」が起きることによってエクスポージャーが効果的である理由が説明できます。

　学校で使いやすいエクスポージャーは，「段階的エクスポージャー」「曝露反応妨害法」「イメージを使ったエクスポージャー」などがあります。「段階的エクスポージャー」は刺激を弱いものから強いものまで（不安が弱いものから強いものまで）並べて，弱いものから一歩一歩進めます。「曝露反応妨害法」は，強迫行動のような安全を確保するための行動を取らないで，不安の強さによって段階的に不安な状況に立ち向かっていく方法です。「イメージを使ったエクスポージャー」は，頭の中で場面や刺激をリアル（なるべく五感で感じられるくらい）に想像してもらい，その状況に居続けて，不安に慣れていく方法です。現実場面のエクスポージャーをする前段階として使いやすいです。

　エクスポージャーの手続きを図9-3に示してありますが，①刺激の特定，②不安階層表を作る，③主観的不安尺度（不安の強さを測るもので，0〜10や0〜100の数字で強さを表す）を使う，④エクスポージャーの原理の説明，⑤エクスポージャーの実施（不安が弱いものから始めて，段階的に取り組みます）となります。手続きに関しては，ケースを通して説明します。

刺激に触れて(レスポンデント消去),回避を中止する(新たなオペラント条件付け)

(手順)
・刺激の特定

> スモールステップで徐々に大丈夫を積み重ねる

・不安階層表を作る
・主観的不安尺度(気持ちの温度計)を使う
・エクスポージャーの原理の説明
・エクスポージャーの実施

(エクスポージャーの種類)
系統的脱感作法,段階的エクスポージャー,曝露反応妨害法,イメージエクスポージャーなど

図9-3　エクスポージャーの手続き

Ⅲ　学校でエクスポージャーを取れ入れる工夫 （エクスポージャーの導入）

　ここでは，はなちゃんの事例を通して，実際に学校でどのようにエクスポージャーを取り入れたか紹介します。学校で取り入れた事例なので,「適応指導教室に行く」「フリースクールに行く」などにも汎用性はあると思いますが，ここでは「教室に行く」「授業を受ける」がゴールです。

　はなちゃんのうつの状態は改善し，気分は落ち着いて過ごせていました。次の課題としては，エクスポージャーの考えを取り入れて，不安に立ち向かっていく支援です。なお,エクスポージャーを導入する際には,「うつ状態ではない」ということに気を付けてください。エクスポージャーはエネルギーを使う方法なので，うつ状態の子どもにするとかえって消耗させてしまい,うつを悪化させてしまう危険性があります。外に出かけていたり，不安症状以外は精神的に安定している状態（自傷行為などの行動化がある場合もやめた方がいいと思います）で，実行します。また，子どものやる気が必要なので，エクスポージャーの理屈を知り，SC に対して安心感を持っているかもポイントですし,「教室に行く」が子どもの意思（目標）である必要もあります。

1．エクスポージャーを取り入れるタイミング

　エクスポージャーを取り入れるタイミングですが，SC との信頼関係の元，子どもが登校につながることで，すでに少しでもできている行動に積み重ねていくほうがやりやすいように思います。例えば，相談室登校ができているのなら，その一歩を踏み出した時のことを思い出してみて，最初は不安な気持ちがあったけれども今はそこまで不安にならずに相談室なら来られているという経験があることを，子どもが自覚し，すでに一歩踏み出せているという実感が伴うと教室に向かうエクスポージャーをやろうという思いにつながりやすくなります。あるいは，技術家庭科と数学は出られているけど，さらに出られる授業を増やすために，エクスポージャーを活用することもできます。また，エクスポージャーでは，呼吸法や不安の強さを測る温度計など，「第6章　感情に働きかける認知行動療法」で取り上げた方法も用いるので，身についている必要があります。

　はなちゃんの場合は，「教室に行く」理由は，「不登校を改善したい」というよりは，「将来的に，人が集まって緊張する場所に慣れておきたい」という思いがあったのでやろうとしていました。「教室」は将来のための練習の場と考えていました。このように，不安になることはあるけど，立ち向かっているうちに慣れる，不安はコントロールできるものであることを実感するためにもエクスポージャーの説明や実践は役立つ方法だと思います。

2．エクスポージャーの説明

　はなちゃんのように子どもの準備が整っているなら，エクスポージャーの効果と手続きを説明します。例えば，「海に入った瞬間，『さむっ！』って震え上がるけど，しばらく海に浸かっていると冷たさを感じなくなって快適になった経験ない？　逆に，温泉入る瞬間って『熱っ！』って思うけど，じわ〜って温かく感じて，快適になるよね。そんな感じで体はその状況に慣れるようにできているんだけど，心も同じように慣れるようにできているの。この『慣れる』をうまく使う方法があるから，今から説明するね」と始めるとエクスポージャーの論理がわかりやすいと思います。そして，恐怖反応に対する慣れ（順化）の説明をします。これは，図 9-4 にあるような，グラフを使って説明するとわかりやすいです。手元にこのグラフがなければ書きなが

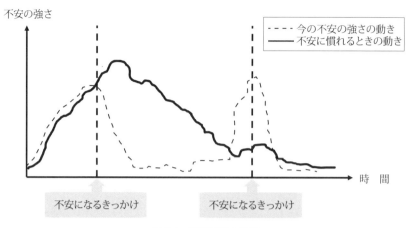

図 9-4　恐怖反応の説明

　ら，「縦軸が不安の強さね。横軸が時間の経過を表しているよ。それで，この点線のグラフが今のパターンを示しているのだけど，何もない時は，不安は……？　そう，低いよね。でも，教室に行くよってなるとか，不安になるきっかけがあると，不安は……？　そう，高まるよね。で，いざ教室に行くとなると不安は強さでいうと8くらいになって，あ～もう無理だめ，ってなって，教室には行かない，教室を避けるから，あ～よかった，免れたってほっとして不安は下がるよね。でも，教室は不安にさせるところのままだから，また教室に行くよってなったら同じパターンの繰り返しになるの。これが，今の点線パターンね。でも，これからやってみようかなって思っているのが，実線のグラフのパターンなんだ。教室に行くよってなると点線のグラフのように，不安は強まるよ。そこで，実線の場合は，教室に本当に行って，居続けるの！　そうしたら，どうなるかな？　さっきの海とか温泉の例で話したように，入った直後の不安の強さは，9とか10で強いけど，居続けると必ず慣れて，不安が下がる！　心も慣れるようにできているから，本当にそうなるの。その体験ができたら，海に入っているうちに冷たさを感じなくなるから海は嫌じゃないと思えるのと同じで，教室は案外大丈夫っていうことがわかると思うよ」と説明します。そして，「説明聞いてどうだった？　けっこう大胆な方法だよね。怖そう？」と子どもの表情を見ながら，思いや気持ちを汲み取りつつ，「でも，大丈夫。まさか，可愛い子を崖から落とすようなこと

達成目標	大体授業を受ける	不安 <u>100</u>
ステップ8	4時間以上授業を受ける	90
ステップ7	2、3時間授業を受ける	80
ステップ6	1時間授業を受ける	70
ステップ5	放課後、教室で友達と話す	45
ステップ4	給食を教室に返しに行く	35
ステップ3	相談室と保健室3回以上	20
ステップ2	相談室と保健室1回	15
ステップ1	相談室	10

図9-5　不安階層表を使って

はしないで，一気に教室とは言わない。少しずつ始めるよ。例えば，教室にいる自分を想像することから始めるし，はなちゃんの意見も聞くよ。もちろん，うまく行かないこともありだし，その日のコンデイションによって，今日はやめておこうかなというのもあり。でも，せっかく心も慣れることがわかっている方法があるから，試しに実験してみないかなと思って」と勧めてみます。

3．徐々に不安に向き合う

　子どもがエクスポージャーの効果を理解できたら，スモールステップで一つひとつの刺激に対して，「安心」「大丈夫」「できた」を積み重ねていけるように計画します。そのために，「不安階層表」を作って，向き合うステップを決めます（図9-5）。それぞれの刺激に対して，不安の強さがどれくらいか，不安の低いものを下にして不安階層表に書き込みます。ある生徒の場合は，相談室では不安が10で，次に相談室と保健室に週1回ずつだと不安の強さが15になります。さらに，相談室と保健室で週に3回以上学校に行く

表 9-1　イメージを使ったエクスポージャー

・ゆっくり呼吸，リラックス　（10）
・「授業に自分がいるところを想像して」
・「温度計でいくつ？」（30）
・「わかった。そのまま授業にいる自分を想像していてね」
・（1分間隔）「今の強さは？」（40 → 10）
・「不安がほぼなくなったかな？」
・「では，イメージがぼやけてきます。相談室に戻ってきたら，　目を開けて，
　3回くらいゆっくり深呼吸してね」
→何回か相談室で練習する

ことは不安の強さが 20 になり，給食を教室に返しに行くだと不安の強さが 35 になります。このように，上に上がるほど，不安が強まります。このような「不安階層表」を作れる子どももいますが，ここまで具体的に計画を立てられない子どもも多いですし，立てたとしてもこの通り進まない場合もあります。そこで，不安階層表は作らなければいけないものではなくて，作らなくても，段階的に不安に立ち向かって行けるようにだいたいの計画を立てたり，スモールステップで進めていけるようにするのでも学校という場を考えたら十分だと思います。

　かわいい不安階層を作るために，インターネット上にある階段やはしご，山のイラストなどを使っても良いですし，レベル分けも図 9-5 のような 8 段階なくても，もっとシンプルに 3 〜 5 段階と減らしても良いと思います。また，各レベルでごほうびを用意しておくとか，3 つのレベルを達成できたら，大きめのごほうびを用意するなど工夫できます。

　はなちゃんは，不安階層表は作らず，「イメージを使ったエクスポージャー（表 9-1）」をして，子どもたちに配布されているタブレットを使って「映像を使ったエクスポージャー」をして，授業に 1 時間出席するなどの「現実のエクスポージャー」をするというステップを踏みました。最初の「イメージを使ったエクスポージャー」の手順を，表 9-1 に示します。まず，ゆっくり呼吸してリラックスした状態，十分不安が低い状態から始めます。その時の不安の強さを聞きます。（　）内の数字が不安の強さでそれを書き込みます。そして，「自分が授業にいるところを想像して」と指示を出し，子どもに鮮明に授業に出席している自分を想像してもらいます。そして，イメージし始めた時の不安の強さを聞きます。そのまま，リアルに授業を受けている自分を

想像し，不安の強さを1分後くらいの間隔で聞いていきます。一時的に不安が強まりますが，そのまま不安が下がるまで想像し続けてもらいます。不安が十分下がったら（10や20になるまで），「授業を受けている自分のイメージがぼやけて，相談室に戻ってきてください」と指示を出し，「戻ってきたら目を開けて，深呼吸を3回してね」と伝えて，しっかり不安が下がる状態にします。そして，やってみてどうだったか感想を聞きます。数回で，イメージをするだけでは不安が強くならなくなります。そうしたら，次の，「映像を使ったエクスポージャー」へと進みます。

「映像を使ったエクスポージャー」は，可能なら，先生に生徒の席から見える授業の様子を録画してもらい，その映像を使ってエクスポージャーをします。もし，録画をお願いできないようだったら，YouTubeなどの授業風景の動画を使っても良いです。「イメージを使ったエクスポージャー」と同じ手順で行います。ただイメージではなくて，映像を見続けてもらい，授業に参加している自分を疑似体験してもらいます。1分ごとに不安の強さを聞き，SCが記録しておき，十分不安が下がっている10か20くらいまで続けます。この手続きも，映像では不安が高まらない状態になるまで何回か繰り返します。

次の段階が「現実のエクスポージャー」です。授業に1時間出てみます。時間は1分ではなく，3～5分間隔で不安の強さを測ります。SCが一緒に授業を受けても良いですし，初めはついていき，その後，子どもが一人で不安の強さを測れるようになったらついていかなくても良いでしょう。砂時計（タイマーなど自分で時間を測れるものならなんでも良いです）を用意して，子ども本人に砂がなくなったらひっくり返し，ひっくり返すごとに不安の強さを記録してもらうと，SCが「今，不安の強さは？」と言葉を発さなくてよくなります。この際，「エクスポージャーをするため」という理由で，授業に出るようにした方が，子どもがエクスポージャーをすることに集中できて，不安に居続けることで慣れることを実感できます。やり方は，イメージ，映像共に同じですが，時間間隔が長くなるということと砂時計を使って自分で時間を測りながら，不安の強さを記録するという違いがあります。もちろん，エクスポージャーをすることは，先生にも伝え理解を得ておきます。

経験上では，教室の席に座った段階で，70や80などかなり高い状態になります。授業が始まると，予想以上に授業の進捗が早かったり，クラスのみ

んなにとってはいつものやり方でも不登校だった生徒にとっては何をすれば
いいのかわからなかったりするなど，予想外に自分が知らないことが次々と
起こり，一時的に不安が少し下がってもまた刺激されて高くなり，不安が下
がりにくい傾向があります。そして，50分の授業では時間が短すぎて，不安
が十分下がる体験まではできないこともあります。ただ，1時間授業に出ら
れた達成感はあるようです。SCとしても「よく授業に居続けた」ことを褒
めて，労います。「現実場面でのエクスポージャー」は，ときどき，休みな
がらチャレンジする場合も多いです。子どもに無理強いさせずに何回か繰り
返せるとよいでしょう。何回かチャレンジしているうちに慣れてきます。も
し，1回やってみて「もうやりたくない」という子どもがいたら，1回でも
チャレンジしたことを大いに褒めて，1回でもできた事実が少し時間をおい
てまたしようと思うことにつながったり，「放課後に誰もいない教室で，勉強
をする」「ろうかから授業の様子を見る」などステップを小分けにする工夫も
あります。

　はなちゃんは，3〜4回のうち1回くらい休みながら，全部で8回くらい
やっているうちに，自分のペースで他の授業にも出るようになり（心の中で
緊張しても，出席しているうちに慣れるというのを自分に言い聞かせていま
した），学年が変わってからはときどき休みながらも，ほぼ通常通り授業に出
られるようになりました。

4．学校でのエクスポージャーの考えを入れたアレンジ法

　エクスポージャーを無闇に取り入れるのは，かえって子どもの状態を悪化
させたり，傷つけてしまったり，失敗体験になってしまう場合があるので，
正確なアセスメント，ベストな介入のタイミング，慎重な手続きは必要です。
とは言っても，エクスポージャーの考え，「不安なものに徐々に向き合ってい
き，大丈夫を積み重ねる」というのは，日常生活に気軽に取り入れられる考
えです。

　「できる形でやってみる」工夫をして，子どもの「大丈夫」「できた」を積
み重ねることもできるようになるために役立ちます。例えば，国語のスピー
チをみんなの前でするのは怖いという子どもがいたら，みんなの前でなくて
も，先生の前だけならできるとか友達一人の前だったらできるということが
あるなら，スピーチを全くしなくて良いのではなくて，できる形で行うよう

表 9-2　エクスポージャーの注意点

・仕組みを理解して，本人合意の下，行う。
・子どもの状況に沿って階層表のステップを踏む。
・不安がしっかり下がるまで居続ける。
・うつ状態ではしない。かえって，悪化させる可能性がある。
・学校で実施する場合は，先生にも意図を伝える。
・家でもする場合は，保護者にも説明し，協力してもらう。

にします。運動会に参加するのは無理でも，保護者席で見るとか，みんなと係の仕事ができないけど，放課後一人でやるなど，このような工夫はエクスポージャーを知らなくても，すでによく取り入れられている方法かもしれません。

IV　学校でエクスポージャーを導入する際の注意点

これまでの説明でもいくつか注意点を挙げましたが，最後に注意点をまとめて説明します（表 9-2）。表に記載されている上から 4 点「仕組みを理解して，本人の合意のもと行う」「子どもの状況に沿って階層表のステップを踏む」「不安がしっかり下がるまで居続ける」「うつ状態ではしない。うつはかえって悪化させる可能性がある」については，先述しましたので，5 点目，6 点目の「学校で実施する場合は，先生にも意図を伝える」と「家でもする場合は，保護者にも説明し，協力してもらう」について説明します。

子どもを支援する他の大人と意思疎通し，足並みを揃えて実施したほうが，大人が子どもを励ます言葉をかけてくれたり，大人の安心感につながったりするなど，子どもの環境を整えるために意味があると考えています。エクスポージャーの効果や手順の説明については，報告の際に先生に伝えたり，保護者面談が並行して行われているならその際に説明したりします。SC が何をしているか，分かるようにします。

エクスポージャーを導入する際のさらなる注意点も挙げます。不安に効果的な方法ではありますが，心理的問題によっては心理的問題の性質に合わせたエクスポージャーの方法があったり，別の方法があったりしますので，それらを頭に入れておき，乱用しないように注意することは必要です。不安に対してなんでもかんでもエクスポージャーをすると，かえって子どもの状態

表 9-3　エクスポージャーの注意点（心理的問題に応じて）

・発達障害を伴う「こだわり」がある場合
　（構造化，視覚化，認知のレパートリーを増やす，ソーシャルスキル）
・強迫性障害の場合（曝露反応妨害法：強迫行為の特定）
・強迫性障害でも強迫観念が強い場合（曖昧さの許容）
・全体的な不安感が強い場合（リラクセーション，周囲の理解）
・チックがある場合（前駆運動の特定，手放し・今行うべきことをする ACT，
　周囲の理解）
➡これらは，医療との連携の必要性も

を悪化させてしまったり，中途半端に行うとそのことが子どもの自己否定を強めたり，自己効力感を低下させてしまう危険性はあります。表 9-3 に示しましたが，一つひとつの心理的問題は紙面上，細かく説明できませんが，ポイントだけ説明します。

　発達障害を伴うこだわりがある場合には，エクスポージャーを恐怖と感じ，新しい方法をやってみようという思いにはならず，そもそも動機づけが低い場合が多いと思います。エクスポージャーを中心的技法として適用するよりも，面接を構造化したり，教室の環境を構造化したりする工夫を導入して環境を整えて過ごしやすくしたり，認知のレパートリーを増やす取り組みを視覚的にもわかりやすいワークシートなどを使って身につける方法，さらにはソーシャルスキルなどの具体的な生活に役に立つスキルを身につける方法を優先した方が子どもの役に立つのではと思います。

　強迫性障害の場合は，「曝露反応妨害法」という特定のエクスポージャーの方法があります。強迫行為と強迫観念が特定できる場合に，強迫行為の回数を減らしたり，しないようにしたりする「反応妨害法」を使って，曝露し，不安反応に慣れる方法です。強迫行為と強迫行動を特定する必要があり，不安階層表を作って，段階的に強迫行為を減らしたり，強迫行為をしなくても済みそうな場面から始めたりします。強迫性障害でも，強迫行為がはっきりしないけれども，強迫観念がある場合には，曝露反応妨害法をしようとしても当然，「反応妨害」がうまくできません。その場合，強迫性障害の子どもに特有の認知の特徴（「第 2 章　子ども理解に役立つ認知行動療法」参照）を把握して，「曖昧さ」を許容する認知を練習する方法の方が適しています。第 2 章には，強迫性障害の子どもの認知の特徴としては，自分がどうにかしないといけないと考える「責任の肥大」，怖いと知覚しやすい「脅威の過大評価」，

自分の考えをきちんとコントロールしないといけない「思考のコントロールの重要性」，だいたいでいいやとは思えない「不確実性に関する不寛容」，考えたことが実際に起こると思う「思考と行動の混同」，そして「完璧主義」といった思い込みがあると述べました。

　全般性不安障害のように，全体的に不安感が強い場合は，子どもが刺激に敏感で不安になりやすい状態を周りの大人が理解するために，SC が子どもの状態を説明したり，不安になって疲れてしまったときには保健室を利用できるようにするなど，環境調整が必要です。また，子ども自身も自分を理解し，不安が強まったり，疲れてしまったりしたときに用いる自己対処法を使えるようにします。不安とうまくつきあうイメージでリラクセーション法や気晴らしのための方法，手を抜く方法などをします。

　チックの場合も特定の介入技法がありますし，子どもに応じて効果的な介入方法が異なります。例えば，前駆運動を特定し（むずむず感があるとか，ヒリヒリする感じがあるなどと訴えます），その自覚ができたらリラクセーションを行うとかあるいは，水を飲むなど別の行動を取る方法を取り入れて効果がある子どもと，逆に前駆運動を意識するあまり力んでしまいかえってチックが出やすくなってしまう場合があるので，子どもによって効果がある方法が異なります。チックには，チックに注意を向けず今行うべきことをする方法（アクセプタンス＆コミットメント・セラピーの考え方）が合う子どももいます。そして，周りから否定的な視線をなくすよう周りの理解も必要で，チックの特徴（意識した方が出やすい可能性や，強く出る時とあまり出ない時があることや，年齢とともに治っていく可能性があることなど）を先生や保護者に伝えて，チックそのものに介入することはしないで，不安感や緊張感が強まってチックを悪化させない環境調整をすることも必要です。

　最後に，上記のような診断がつき，通院している子どもたちの場合は，主治医と連絡を取り，学校での状況を共有し，SC の関わりについて説明したり，アドバイスを得たりするなどして連携をとりながら支援することも必要です。

第 10 章

周囲の大人もリソースとして活かす

I　保護者の位置付け

　保護者にどの程度関与してもらうことが子どものためになるのか見極めて，連携する必要があります。保護者の関与の度合いで分けると「セラピスト」「コ・セラピスト」「ファシリテーター」「コ・クライエント」の順番で関与の度合いが変わる，4つの立ち位置があります（表10-1）。「セラピスト」では，保護者が支援者になるように，認知行動療法に関する必要な情報を与え，家庭で技法を子どもに取り入れてもらいます。次に，「コ・セラピスト」としての保護者は，毎回の子どもの面接に同席します。子どもが身につける，認知行動療法の方法に関する知識を得て，家庭でできるように促す方法を取り入れたりしてサポートします。「ファシリテーター」は，ときどき，保護者面接をする中で，子どもの状態を説明され，認知行動療法の技法の説明を受けて，子ども理解，認知行動療法の理解を深めます。「コ・クライエント」としての保護者は，保護者自身の行動が，子どもの問題の維持に関与しているので，保護者自身が困っていたり，心配している点について話したり，SCが子どもの状態を説明したりして，保護者がどのように行動を変化させると良いかアドバイスをします。このように，保護者の抱える問題や，保護者の理解力や親子関係の状況に応じて，どれくらいの関与で支援に関わると良いか判断しながら，保護者と連携します（Carens et al., 2019）。

II　家族をリソースとして活かす支援

　保護者が子どもの生活環境において，重要な刺激となって，子どもの反応を維持させていたり，子どもの問題の成り立ちに関与していたりします。保護者のどのような関わりが問題に関与しているか明らかにして，保護者の子

表 10-1　保護者の位置づけ

・セラピスト 保護者が支援者。子どもへ認知行動療法のスキルを教えるために必要な情報と支援の仕方を教わる。特に 12 歳以下の子どもの不安障害。
・コ・セラピスト 毎セッション参加する。保護者も子どもが身につける認知行動療法の方法に関する知識を得て，家庭でできるように促す方法を取り入れたりしてサポートする。
・ファシリテーター 時々，保護者面接をする。子どもの状態を説明され，認知行動療法の技法の説明を受けて，子ども理解，認知行動療法の理解を深める。
・コ・クラインエト 保護者自身が困っていたり，心配している点について話し，保護者自身の問題を話す。保護者がどのように行動を変化させると良いかアドバイスを受けて，保護者自身の問題を解決し，子どもとの関りを変化させる。

＊ Stallard（2021）

どもへの関わり方をアドバイスします。保護者の関わり方（行動）が変わることで子どもの反応も変わります。

　不登校の中学生はなちゃんの事例を通して，どのように家族が子どもをサポートしたか見ていきます（図 10-1）。父親は「ファシリテーター」，母親は「コ・クライアント」と捉えて，それぞれがどのようにはなちゃんをサポートできるか考えました。両親ともに，本人の了解を得て，「全体像を表すCF」（第 4 章「ケース・フォーミュレーション」参照）を共有しています。保護者は，誰が悪かったとか，あの出来事があったからなどと原因探しをするかもしれないですし，あるいは問題が整理できずもやもやしているかもしれないので，このCF を共有することで，「原因は一つではなくて，複合的な要因が影響し合って問題が成り立っている」ことが説明できます。保護者は，CF を見ることで，問題の全体像を捉え，客観的に子どもを捉えられるのです。そして，保護者は，子どものうつの成り立ち，そして維持について理解します。また，うつの症状や特徴的な認知についても説明し，うつには「休養」と「行動活性化」が効果的なので，本人が行きたい（ネッ友に会いに行く，一人で出かけるなど注意が必要だったり，止めないといけない「行きたい」も当然あります）ところに出かけるなど何か行動につながることで，はなちゃんがしたいことがあればそれには協力するよう方針を立てます。

　このように全体を捉えながら，今何をすれば良いか，具体的な関わり方に

父親:フォーミュレーションの共有（本人の承諾を得て）
・うつ症状の理解→登校刺激や注意を一旦なくす
　　　　　　　→父親の関わり方は,本人の意に応じる
・行動活性化の理解
父子で出かけたり,何かを決める場合は母親にも伝える
母親ができていることを伝える
→ お願いすれば応じてくれる,言えばわかってくれる存在

母親:フォーミュレーションの共有
・うつ症状の理解→心配が強いため、できないことは「症状」であることを伝える。（外在化）
・行動活性化の理解。「自分のことは自分で」
本人ができるようになっている部分を伝える。（リフレーミング）
父子で出かけるときは,「どこに行くの?」と聞く（母親のスキルの獲得）
→ 泣ける存在,ご飯を作ってくれたり身の回りをしてくれる人
→ 両親:「垢抜けた高校生目指して」を共有して,チームワークの意識

図 10-1　はなちゃんの家族支援

ついても話し合っていきます。父親，母親のそれぞれの面接の中で，はなちゃんとどのような関わりをしているか具体的なエピソードに基づいて，話の流れに添いながら，父親，母親のそれぞれの関わりが現在の問題の悪循環にどのように影響しているのか，「問題の維持に関するCF」で表しながら説明し,関わり方をアドバイスします。特に理屈でわかることを好む保護者には，図をもとに説明し,それが根拠となってサポートの仕方を説明すると納得し，関わり方を変えるモチベーションにつながるようです。

さらには，はなちゃんにとっては不本意な父親の要求的な言動と母親の回避的な言動により，家族の意思疎通がうまく図れておらず，それぞれが表に出さない不満を抱えている状況が見えてきたので，それぞれが伝えたり，聞いたりして言葉をかけることでスムーズなコミュニケーションを取れるようになることも目指しました。結果的に，意思疎通がしやすくなり，家族が同じ方向を向いて，「垢抜けた高校生」を目指して，一つのチームとして機能したこともはなちゃんの問題改善に貢献しました。

1．父親の関わり方にフォーミュレーションを活かす

具体的に父親の行動の変化について見て行きます。ある時，はなちゃんが

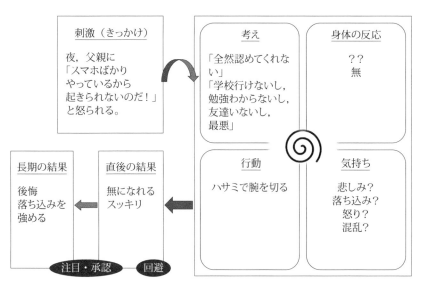

図 10-2　問題の維持に関する CF（はなちゃんの場合：自傷行為したとき）

　自傷行為をしてしまいました。父親にとってはショックな出来事だったので，その時の状況を SC に話しました。「こんなことされちゃうと自分は何も言えなくなる」と困っていました。子どもの思いも聞いていたので，父親の一連の話を聞きながら，「はなちゃんの中では，こういうことが起きていたのではと思うことを，図に表してみますね（仮説です）」と伝え，ホワイトボードに書きました（図 10-2）。
　「スマホばかりやっているから起きられない」と言う父親の言葉が刺激（きっかけ）となり，考え・身体・気持ち・行動がそれぞれ反応を起こしました。考えは，「全然認めてくれない」「学校行けないし，勉強わからないし，友達いないし，最悪」です。気持ちは，混乱のような感じなのですが，悲しみのような，落ち込みのような怒りのようなというのもありそうでした。身体の反応は，自覚なくよくわからないのですが，「無」が一番当てはまるようでした。行動は，「ハサミで腕を切る」です。そのような反応の結果，「無になれる」「すっきりする」といった嫌なことからの回避の機能があったようです。あるいは，父親に認められたいという「注目・承認」の機能もあったのではと仮定しました。「自傷行為」は，「回避」や「スッキリする」というプラスの結果が直後には得られますが，その機能が薄れると後悔や落ち込みを強め

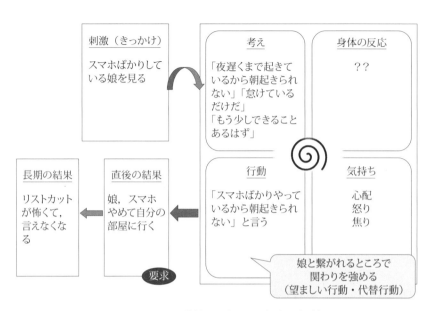

図 10-3　問題の維持に関する CF（父親の場合）

　ていました。これが，はなちゃんの自傷行為に関する CF であり，機能分析です。
　さらに，父親が「こんなことされちゃうと自分は何も言えなくなる」と訴えた困り事を取り上げて，父親サイドの思いも図（図 10-3）に表しました。「スマホばかりしている娘を見る」が刺激（きっかけ）となり，反応が起きます。考えは，「夜遅くまで起きているから朝起きられない」とか，「怠けているだけだ」「もう少しできることあるはずだ」と捉えます。親として当然そう思ってしまうと思います。そして，身体の反応はとくになく，気持ちは，心配や怒り，焦りで，行動としては「スマホばかりやっているから朝起きられないと言う」です。そのような反応の結果，はなちゃんは部屋に行き，自傷行為をしていたというわけです。そういうことが起きれば，今後，はなちゃんに何も言えなくなるという長期的な結果へと発展します。この図を見れば，父親がはなちゃんを思っての反応だと言うことがよくわかりますし，要求の機能があり，共感できます。そして，前述したはなちゃん側の図を見ればはなちゃんなりの理由もよくわかります。
　この 2 つから，明らかになったことは，お互い相手を意識していることで

す。ということは，娘の注目・承認の機能と父親の要求の機能と両方を満たすには，「娘と繋がれるところでつながる」ことを提案するのはどうでしょう。例えば，一緒に買い物に出かけて，途中で父親が「休もうか」と伝えて（父親からの軽い要求），「○○を飲みたい」（娘からの要求）と伝えて父親がそうすれば（承認），お互いが満たされる体験ができます。些細なことかもしれませんが，日常生活の中でこのようなつながり，スムーズなコミュニケーションが増えれば，さらに父子で何かをする，はなちゃんがお願い事をする（言葉で要求すると伝わる，わかってもらえる）というコミュニケーションスキルが上がるので，父子関係が良くなるかもしれません。そのような好循環が生まれることを SC は想定して（これも必ずそうなるという確信はないのですが，お互いが楽しめることをすれば，お互いの望ましい行動が強化されることが積み重なり，きっといいことが起きるのではないかと思います），父親に，「一昔前で言うアッシーくんのように（彼女が迎えにきてと言ったら車で迎えに行く男性のことを 90 年代『アッシーくん』と呼んでいました），頼まれたらやるところから始めてみてはどうでしょうか。娘に都合よく使われてみる……という感じです」とお勧めしました。

　実際，父親は，文字通り，「アッシーくん（友達と遊びに行った時に車でお迎え）」だけではなくて，はなちゃんの行きたいところ（コラボカフェやスイーツビュッフェ，趣味のものが買えるお店，カラオケなど）に一緒に出かけるようになり，その父親の行動の変化によって，はなちゃんはお願いをしたり，相談したりするようになり，いざというときには父親を頼りにするようになり好循環が生まれました。

2．母親の関わり方にフォーミュレーションを活かす

　はなちゃんの母親は，うつ病で治療を受けていますが，母親のうつ病の治療に SC が直接関与することはありません。ただ，家族とのコミュニケーションという点で母親も「自分が下手なこと言えなくて困っている」という悩みを話していたので，母親の家族との関わり方を見直すことにしました。そこで，はなちゃんと母親の会話，父親と母親の会話でそれぞれ問題の維持に関する CF を作り，共有しました（図 10-4，図 10-5）。

　はなちゃんとの会話の場合は，「スマホばかりしている娘を見る」という刺激の際に「何もしないで大丈夫？」「将来が心配」と考えています。身体

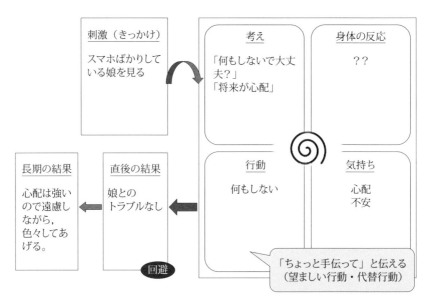

図 10-4　問題の維持に関する CF（母親の場合）

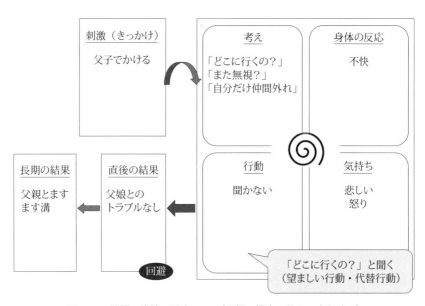

図 10-5　問題の維持に関する CF（母親の場合：父子で出かける）

の反応は特にわからず，気持ちとしては心配や不安です。行動は「何もしない」です。そのような反応の結果，はなちゃんとのトラブルは起きない回避の機能があります（父親は注意してトラブルになっていましたが）。しかし，長期的には，母親の心配は解消されないので，別のことではなちゃんにいろいろしてあげる（お昼ご飯を何食べたいのか聞いたり，着替えを出してあげたりなど手をかけすぎてしまう）ことで自分の心配を解消しようとしていて，それはかえってはなちゃんの自分のことは自分でする行動を制限させていました。

　父親とのパターンでは，「父子で出かける（母親に何も言わないで）」という刺激に対して，「どこにいくの？」「また無視？」「自分だけ仲間はずれ」と考え，身体は，不快感があり，気持ちは悲しみと怒りで，行動は「聞かない」です。コミュニケーションを取らない（「回避」する）ことで，結果，父娘とトラブルになることはありませんが，長期的には夫とうまく意思疎通ができず溝が深まります（こういうパターンができてしまった理由には，長年つもりに積もった母親の父親に対する不満があるのですが，それも聞きながら，SCは橋渡し的な役割も必要でしょう）。

　このように母親は，トラブルにならないように，言わないという回避の機能を持つ行動をとっていることがわかりました。ただ，心配や不安が募るだけではなくて，はなちゃんはますます自分のことを自分でしない状況が続いてしまうため，回避しないで「伝える」を提案しました。ただ，伝える場面は，注意をするというより，「手伝って」「やって」を伝えるです。子どもの行動活性化にも，自分のことを自分でするためにも良いので，「手伝って」「やって」を意識して伝えるようにしました。その結果，インスタント食品でさえも母親に作らせていたはなちゃんが自分で用意したり，着替えを出したり，洗濯物を片付けたりするなど，母親がやってしまっていたことをやるようになりました。

　夫との会話は，ほぼない状態で，これは悲しみや怒りを募らせるばかりか，食事の準備の関係でいるのかいらないのか聞かないとわからないなど不都合なことも多々起きるので，出かける父子に「どこに行くの？」と聞いてみることにしました。母親には，「お母さんが損するので，聞いてみましょう」と伝え，自分のために聞いてみることにすると，夫からは思いがけずすんなり返事が返ってきたり，夕食のおかずを買ってきてくれたりすることもあり，

母親の「聞く」という行動は強化されました。必要事項は，たびたび夫に聞けるようになり，母親の気持ちが楽になる助けになりました。

　このように CF に基づき，行動を見直し，別の行動をとってみることで，状況が変わり，それぞれ家庭での居心地がよくなり，それははなちゃんの気持ちの安定のためにも意味がありました。

　一例ではありますが，具体的な支援策を提案するときには，CF を用いて，子どものニーズ，保護者のニーズをそれぞれ汲み取り，お互いのニーズが満たされるための接点を探し，それぞれの立場で何ができるかということを考えられると役に立つと思います。

Ⅲ　先生との協働

　「チーム学校」という言葉が当たり前となっている教育現場で，先生とチームワーク良く支援することは子どものためになります。これまで「認知行動療法」と「チーム学校」の相性が良い理由を「共通理解」というキーワードで，説明の中に折り混ぜてきましたが，改めてまとめたいと思います。

　1つは，「CF を使った問題の見える化」は，チーム学校の目指すところと一致します。CF は，学年の先生や担任・養護教諭・通級の先生と共有できますし，生活指導部会などの部会や委員会の時などにもケースの状況を説明するときにわかりやすい資料となります。CF を踏まえて，介入方針が明らかになりますので，SC が何を目指して，何をしているのかがはっきりします。「はじめに」でも述べた「謎のお姉ちゃん」「（相談室が）秘密部屋」ではなくて，オープンになり，これは，先生との信頼関係を築く上で役に立ちますし，SC ならではの専門性，独自性が発揮されることにもなります。

　2つ目は，「具体的な介入方法がある」という点で役に立つチームの一員になれます。根拠に基づいた具体的な介入方法なので，先生にも説明しやすく，理解を得られやすいです。理解を得られたなら，取り組む際に，担任の先生や養護教諭から必要な協力も得られます。通級の先生がソーシャルスキルトレーニングをする際にも，先生と SC が考える子どもにとって必要なスキルを練習することができ，SC と相互補完的に対応できます。通級教室で「人との距離の取り方」を取り組んでいるなら，SC は「柔らかい考え」について取り組めるかもしれません。他にも，例えば，「動画を使ったエクスポー

ジャー」をする際に先生に授業風景を録画してもらったり，SC が同席して授業に出る際にも先生の協力が必要です。保健室で「おにぎりを食べる」という工夫をするには養護教諭の理解が必要です。担任の先生や養護教諭，通級の先生の子どもへの思いを受け止めたり（さまざまな考えの先生がいます），忙しさを鑑みたりしながら，子どもに必要な支援を伝えて協力を得られるようにコミュニケーションをとるために，認知行動療法という専門性が活かされると思います。

　３つ目が，「先生の子どもに対する捉え方が変わる」可能性があり，チームとして同じ方向を向いてサポートできるという点です。子どもの問題行動の機能を説明したり，現在の問題に至るまでの経緯を説明したりすることで，先生の「問題児」「怠け」「甘え」「わがまま」「特別扱いはできない」などといった子どもへの先入観が「困っている子ども」と子ども目線に変わる場合があります。そうすると，支援への理解や協力が得られやすくなります。SC がどのように子どもを捉えているのかということを認知行動療法に基づいた見立てや方針を使って率直に伝えられれば，先生の捉え方を直接的に否定しなくても，先生自身が「そういう見方がありますね」と，自然にそのような変化が起きる場合もあり，協働しやすくなります。

　以上，３つのポイントにおいて，認知行動療法を一つのツールとして使うと，チーム学校の一員として SC が役に立てると思います。

■ IV　主治医との連携

　主治医がいる場合は，主治医による診断と薬物療法に沿って，認知行動療法を進める必要があります。主治医が医学モデルに基づいた治療，SC は生活の場に根付いた支援とそれぞれの立場で相互補完的に子どもの役に立てるように，発信し，連携します。その際にも，役に立つのが CF に基づいた心理支援です。主治医に，SC の見立てを伝え，主治医の診断の根拠や薬物治療の効果について教えてもらいながら，意思疎通を図り，それぞれの役割の中で何ができるかを確認し合えます。このような連携をとる際には，子ども本人や保護者の承諾が必要です。医師との時間調整については簡単ではありませんが，SC の時間を割くことで，保護者や子どもが自分達のことをわかってサポートしてもらっている，そして，学校の先生も医療との連携は一手

間な場合があるので，そこを SC が担えると役に立ちます。「認知行動療法」
という具体的なものがあると主治医も SC をチームの一員と捉えるかもしれ
ません。

■ V　主治医以外の外部の専門家との連携

　子どもが外部機関を利用しており，他の機関と使い分けている場合があり
ます。例えば，教育相談所では家庭のことを話し，SC には学校の友達関係
について主に話している場合は，お互いの情報を共有し，CF 作りに役立て
られますし，保護者が外部機関，子どもが SC につながっている場合も情報
を集約して一つの CF を作り，支援に活かせます。外部の専門家とのコミュ
ニケーションツールとして，CF を共有することで，SC の見立て，介入方針
を共有し，足並み揃えて，支援することができます。

　文　　　献
Carnes, A., Matthewson, M., & Boer, O. (2019) The contribution of parents in
　　childhood anxiety treatment: A meta-analytic review. Clinical Psychologist,
　　23(3); 183-195.
Stallard, P. (2021) A Clinician's Guide to CBT for Children to Young Adults. Wiley.
　　（下山晴彦監訳，松丸未来訳（2022）決定版　子どもと若者の認知行動療法ハンドブ
　　ック．金剛出版.）

あとがき

　子どもの認知行動療法は，ここ 20 年くらいで，大人の応用ではなく子どもを対象とした研究が積み重ねられ，欧米で発展してきています。しかし，認知行動療法が提供するたくさんの効果的な考えや技法は，単に翻訳して取り入れるだけだと日本で実践する上では違和感があり，より日本の文化に適した形にする必要があると感じていました。そのため，さまざまな翻訳されたワークブックを手がかりに工夫し，子どもたちの反応を見ながら，改良し，活用してきました。一つひとつのワークは，それ単独で完結するわけではないので，子どもの理解力や状況に応じて，ワークの組み合わせ方やペースを調整する必要があります。本書で紹介されている認知行動療法は，「どうやって活用するの？」という疑問に答えられるよう，既存の認知行動療法から文化差と個人差も考慮して取り入れたものを紹介しています。さらに，学校で使うために，先生方や保護者のニーズにも合うようにと考えて実践してきたものを盛り込みました。文化差，個人差，教育や家庭のニーズに合った支援，この３つが合わさって，認知行動療法の効果が発揮されるのだろうと思います。

　子どもの認知行動療法は子どもを理解しながら，クリエイティブに工夫しながら適用するので大人の倍以上のエネルギーを使う感覚はありますが，それはチャレンジングで，楽しく，探究心を刺激される心理支援です。読者の方々にもさらに学校や日本の子どもたちにフィットする認知行動療法を探求していただけたらと思います。

　私にたくさんのアイディアとひらめきをくれた子どもたちと保護者，スクールカウンセラーの働きについて直接・間接的に教えてくださった学校の先生方，スクールカウンセラーの先輩方，そして，認知行動療法を教えてくださった多くの心理学界のリーダー的先生方に心から感謝いたします。そして，

一緒に本書を創ってくださった遠見書房の山内さん，久保さんにも感謝申し
上げます。

　2022 年秋

松丸未来

索　　引

ダウンロード資料のご利用方法

　本書に掲載している以下のワークシートは，小社のホームページから無料でダウンロードができます。ライセンスフリーですので，そのままご使用いただくことも，改良を加えてご使用いただくことも可能です。

提供されるデータの内容

WS 1：刺激－反応－結果のつながり

WS 2：問題の維持に関する CF

WS 3：問題の成り立ちに関する CF の情報

WS 4：ドキドキメーター

WS 5：気持ちと身体の状態のつながり

WS 6：気持ちと身体の状態のつながりを説明するイラスト

WS 7：「考え」を見つける

WS 8：考えは一つだけじゃない

WS 9：「ストップ（STOP）の考え」と「ゴー（GO）の考え」

WS10：考えと気持ちと行動のつながりを説明するイラスト①

WS11：考えと気持ちのつながりを説明するイラスト②

WS12：考えと行動のつながりを説明するイラスト③

WS13：それって本当？②

WS14：別の考えできるかな①

WS15：別の考えできるかな②

WS16：やわらかい考え → 先にすすもう

WS17：気持ちと行動のつながり

WS18：恐怖反応の説明

WS19：不安階層表を使って

　このダウンロードができるのは，本書の購入者に限ります。購入者以外の利用はご遠慮ください。また，本データのファイル形式は「PDF」になります。ファイルを開くにはソフトが必要となります。

本データのダウンロードの仕方

1）小社の販売サイト「遠見書房の書店」https://tomishobo.stores.jp/ にアクセスをしてください。

2）左上の検索ボタン（虫眼鏡のような形をしたアイコン）を押して，「購入者用ダウンロード資料」を検索してください。URL は，https://tomishobo.stores.jp/items/63883748f0bdc44b798f5ad8 です。(もしくは下の二次元バーコードを

お使いください）

3）「0円」であることを確認して，「カート」に入れて，手続きを進めてください。
4）手順に沿ってダウンロードができたら，ファイルをクリックします。パスワード
　を要求される場合は，cGm87bIat（シー・ジー・エム・はち・なな・ビー・アイ・
　エー・ティー）を入力してください
5）ファイルサイズは，550 KB ほどです。
6）うまく行かない場合は，弊社 tomi@tomishobo.com までご連絡をください。

使用条件

- ワークシートが利用できるのは，本書の購入者のみです。購入者以外は利用できま
せん。
- このデータは，購入者の臨床支援のために作られたものです。読者の臨床や支援と
は関係のない第三者への本データの販売，譲渡，本データをウェブサイトや SNS な
どで不特定多数の方がアクセスできるようにすること，研修会などで資料として配
布することなどは禁止します。
- 本書の購入者が，臨床支援以外の活動において使用する場合（たとえば研修会
などの資料などに使う，ウェブサイトや印刷物に利用する等）は，弊社 tomi@
tomishobo.com までお問い合わせください。
- 不正な利用が見つかった場合は必要な措置をとらせていただきます。
- 本書ワークシートの著作権は，著者の松丸未来さんに，配布権は遠見書房に帰属し
ます。
- 本書のワークシートの著作権についての問い合わせは，遠見書房が窓口になってい
ます。何かわからないことがある場合，御気軽にお問い合わせください。
遠見書房 tomi@tomishobo.com

著者略歴
松丸未来（まつまる・みき）
東京都公立学校スクールカウンセラー，横浜雙葉小学校スクールカウンセラー，日本
人学校スクールカウンセラー，東京認知行動療法センター心理士。上智大学文学研究
科心理学専攻修了。公認心理師・臨床心理士。
監修「子どもの認知行動療法　不安・心配にさよならしよう」（ナツメ社, 2019），「子
どもの認知行動療法　怒り・イライラを自分でコントロールする」（ナツメ社, 2019），
翻訳「決定版　子どもと若者の認知行動療法ハンドブック」（金剛出版, 2022），原
案・解説「あんしんゲット！の絵本」（ほるぶ出版, 2021）

ブックレット：子どもの心と学校臨床 (7)
よくわかる 学校で役立つ子どもの認知行動療法
理論と実践をむすぶ

2023 年 1 月 30 日　第 1 刷

著　　者　松丸未来
発 行 人　山内俊介
発 行 所　遠見書房

〒 181-0001 東京都三鷹市井の頭 2-28-16
TEL 0422-26-6711　FAX 050-3488-3894
tomi@tomishobo.com　http://tomishobo.com
遠見書房の書店 https://tomishobo.stores.jp

ISBN978-4-86616-161-7　C3011

ブックレット：子どもの心と学校臨床
Booklet: Child and School Community-Clinical Psychology

学校と子どもにかかわる，こころの問題，家族の問題，社会の問題などさまざまな
視点から描くブックレット・シリーズがスタートしています。
学校の教職員，スクールカウンセラー，研究者必読！

発達障害のある子どもの性・人間関係の成長と支援
関係をつくる・きずく・つなぐ　　　　　　　　（岐阜大学）川上ちひろ著
ブックレット：子どもの心と学校臨床（2）発達障害のある子ども
の友人や恋愛にまつわる悩みや課題は盛沢山。多くの当事者と周辺
者の面接をもとに「どうしたらいいの？」のヒントを解き明かした
1冊です。1,760円，A5並（102-0）

教師・SCのための学校で役立つ保護者面接のコツ
「話力」をいかした指導・相談・カウンセリング
　　　　　　　　　　　　　　（SC・話力総合研究所）田村　聡著
ブックレット：子どもの心と学校臨床（3）学校で多くのカウンセ
リグやコンサルテーションを行ってきた著者が，保護者対応に悩む
教師とSCに保護者面接のコツを紹介！ 1,760円，A5並（109-9）

学校では教えないスクールカウンセラーの業務マニュアル
心理支援を支える表に出ない仕事のノウハウ
　　　　　　　　　　（SC／しらかば心理相談室）田多井正彦著
ブックレット：子どもの心と学校臨床（4）　SCの仕事が捗る1冊。
表に出ない裏の仕事をじっくり解説。「SCだより」や研修会等で使
えるイラスト198点つき（ダウンロード可）。2,200円, A5並（132-7）

学校で使えるアセスメント入門
スクールカウンセリング・特別支援に活かす臨床・支援のヒント
　　　　　　　　　　　　　　　　（聖学院大学教授）伊藤亜矢子編
ブックレット：子どもの心と学校臨床（5）児童生徒本人から学級，
学校，家族，地域までさまざまな次元と方法で理解ができるアセス
メントの知見と技術が満載の1冊。1,760円，A5並（149-5）

ポリヴェーガル理論で実践する子ども支援
今日から保護者・教師・養護教諭・SCがとりくめること
　　　　　　　　　　　（いとう発達・心理相談室）伊藤二三郎著
ブックレット：子どもの心と学校臨床（6）ポリヴェーガル理論で
家庭や学校で健やかにすごそう！　教室やスクールカウンセリング
で，ノウハウ満載の役立つ1冊です。1,980円，A5並（154-9）

価格は税込です

ひきこもりと関わる
日常と非日常のあいだの心理支援
（跡見学園女子大学准教授）板東充彦著
本書は，居場所支援などの実践を通して模索してきた，臨床心理学視点からのひきこもり支援論です。コミュニティで共に生きる仲間としてできることは何かを追求した一冊です。2,530円，四六並

新しい家族の教科書
スピリチュアル家族システム査定法
（龍谷大学教授）東　豊著
プラグマティックに使えるものは何でも使うセラピスト東豊による家族のためのユニークな1冊が生まれました！　ホンマかいなと業界騒然必至の実用法査定法をここに公開！　1,870円，四六並

「新型うつ」とは何だったのか
新しい抑うつへの心理学アプローチ
（日本大学教授）坂本真士編著
新型うつは怠惰なのか病いなのか？　この本は，新型うつを臨床心理学と社会心理学を軸に研究をしたチームによる，その原因と治療法，リソースなどを紐解いた1冊。2,200円，四六並

あたらしい日本の心理療法
臨床知の発見と一般化
池見　陽・浅井伸彦編
本書は，近年，日本で生まれた9アプローチのオリジナルな心理療法を集め，その創始者たちによって，事例も交えながらじっくりと理論と方法を解説してもらったものです。3,200円，A5並

親と子のはじまりを支える
妊娠期からの切れ目のない支援と心のケア
永田雅子編著
産科から子育て支援の現場までを幅広くカバー。本書は，周産期への心理支援を行う6名の心理職らによる周産期のこころのケアの実際と理論を多くの事例を通してまとめたもの。2,420円，四六並

図解　ケースで学ぶ家族療法
システムとナラティヴの見立てと介入
横谷謙次著
カップルや家族の間で展開されている人間関係や悪循環を図にし，どう働きかけたらよいかがわかる実践入門書。家族療法を取り入れたいに取り組みたいセラピストにも最適。2,970円，四六並

子どもと親のための
フレンドシップ・プログラム
人間関係が苦手な子の友だちづくりのヒント30
フレッド・フランクル著／辻井正次監訳
子どもの友だち関係のよくある悩みごとをステップバイステップで解決！　親子のための科学的な根拠のある友だちのつくり方実践ガイド。3,080円，A5並

動作訓練の技術とこころ──障害のある
人の生活に寄りそう心理リハビリテイション
（静岡大学教育学部教授）香野　毅著
身体・知的・発達障害のある人の生活に寄りそう動作訓練をプロフェッショナルが伝授。導入から訓練中の着目点，実施の詳述＋実際の訓練の様子も写真入りで解説しています。2,420円，A5並製

臨床力アップのコツ
ブリーフセラピーの発想
日本ブリーフサイコセラピー学会編
臨床能力をあげる考え方，スキル，ヒントなどをベテランの臨床家たちが開陳。また黒沢幸子氏，東豊氏という日本を代表するセラピストによる紙上スーパービジョンも掲載。3,080円，A5並

学生相談カウンセラーと考える
キャンパスの危機管理
効果的な学内研修のために
全国学生相談研究会議編（杉原保史ほか）
本書は，学生相談カウンセラーたちがトラブルの予防策や緊急支援での対応策を解説。学内研修に使える13本のプレゼンデータ付き。3,080円，A5並

価格は税込です